U0904976

鄂伦春族是中国古代北方民族文化的守望者，他们世代居住在大、小兴安岭及黑龙江流域。独特的地理位置、自然环境、植被物产等条件形成了鄂伦春族的狩猎、捕鱼、采集生产方式，孕育了渔猎文明，“棒打狍子瓢舀鱼”的生活状态中不乏秩序井然、自然和谐以及人间欢乐。

走近中国少数民族丛书

主　编/丹珠昂奔

鄂伦春族

Elunchunzu

王为华 著

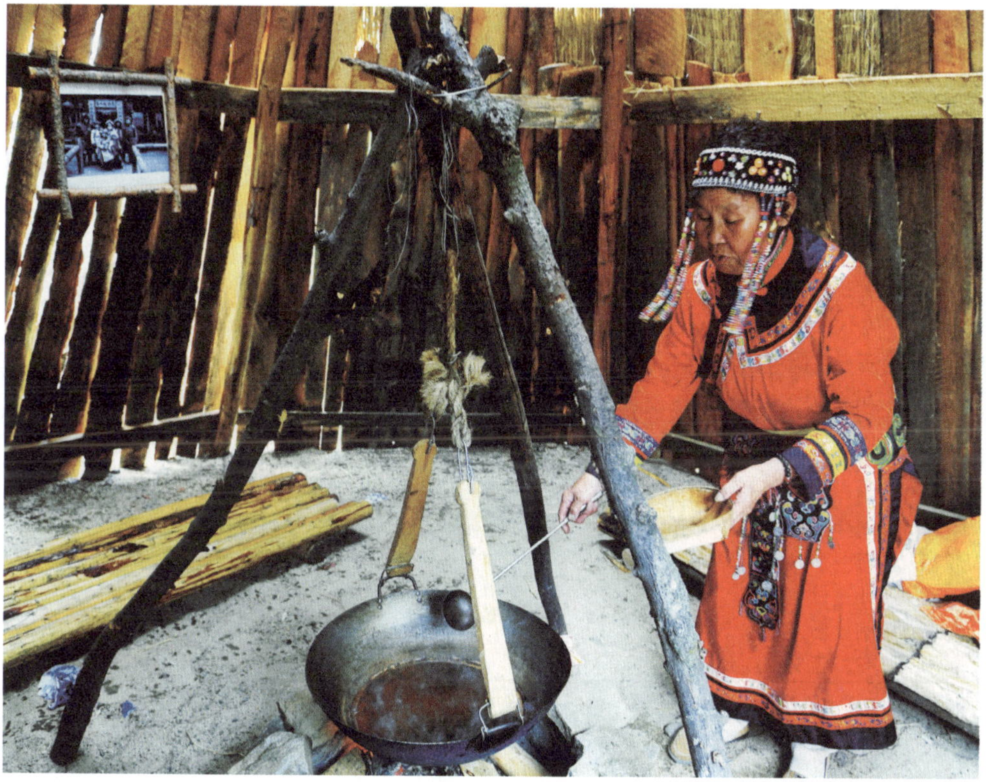

辽宁民族出版社

图书在版编目（CIP）数据

鄂伦春族 / 王为华著. —2版. —沈阳：辽宁民族出版社，2014. 12

（走近中国少数民族丛书 / 丹珠昂奔主编）

ISBN 978-7-5497-0978-6

Ⅰ. ①鄂… Ⅱ. ①王… Ⅲ. ①鄂伦春族—民族历史—中国 ②鄂伦春族—民族文化—中国 Ⅳ. ①K282.4

中国版本图书馆CIP数据核字（2014）第310583号

走近中国少数民族丛书·鄂伦春族

ZOUJIN ZHONGGUO SHAOSHUMINZU CONGSHU·ELUNCHUNZU

丛书策划 / 李凤山

出版发行者：辽宁民族出版社
地　　址：沈阳市和平区十一纬路25号　邮编：110003
印 刷 者：沈阳市北陵印刷厂有限公司
幅面尺寸：170mm×240mm
印　　张：11.5
字　　数：180千字
出版时间：2014年12月第2版
印刷时间：2014年12月第1次印刷
责任编辑：李凤山　吴昕阳　朱　虹
封面设计：杜　江
责任印制：杨　雪
责任校对：边京爱　林　华

标准书号：ISBN 978-7-5497-0978-6
定　　价：38.00元

法律顾问：陈　光　　举报电话：024-23284336

邮购电话：024-23284335
如有印装质量问题，请与出版社联系调换　　联系电话：024-23284340
网　　址：www.lnmzcbs.com　　淘宝网店：lnmz2013.taobao.com

《走近中国少数民族丛书》编辑委员会

《走近中国少数民族丛书》作者名录

《蒙古族》 萨仁图娅（蒙古族）
《回族》 许宪隆（回族） 张龙（汉族）
《藏族》 丹珠昂奔（藏族）
《维吾尔族》 艾克拜尔·吾拉木（维吾尔族）
买力克·买买提（维吾尔族）
伊利迪尔（维吾尔族）
《苗族》 石莉芸（苗族） 李云兵（苗族）
《彝族》 陈国光（彝族）
《壮族》 黄佩华（壮族）
《布依族》 周国炎（布依族）
《朝鲜族》 黄有福（朝鲜族）
《满族》 于今（满族）
《侗族》 杨筑慧（侗族）
《瑶族》 玉时阶（壮族）
《白族》 董建中（白族）
《土家族》 罗中（土家族） 罗午（土家族）
《哈尼族》 朱志民（哈尼族） 李泽然（哈尼族）
《哈萨克族》 艾克拜尔·米吉提（哈萨克族）
伊拉达·拉音别克（哈萨克族）
《傣族》 赵瑛（傣族）
《黎族》 罗文雄（黎族）
《傈僳族》 鲁建彪（傈僳族） 欧光明（傈僳族）
《佤族》 郭锐（佤族）
《畲族》 钟亮（畲族）
《台湾少数民族》 林华（台湾少数民族）
《拉祜族》 苏翠薇（拉祜族）
《水族》 韦学纯（水族）
《东乡族》 马兆熙（东乡族） 马自祥（东乡族）
《纳西族》 白庚胜（纳西族） 孙淑玲（汉族）
白羲（纳西族）
《景颇族》 金黎燕（景颇族）

《柯尔克孜族》 阿地里·居玛吐尔地（柯尔克孜族）
《土族》 祁进玉（土族） 东永学（土族）
《达斡尔族》 毅松（达斡尔族）
《仫佬族》 黎学锐（仫佬族） 黎炼（仫佬族）
《羌族》 雍继荣（羌族） 罗吉华（羌族）
周发成（羌族）
《布朗族》 陶玉明（布朗族）
《撒拉族》 马成俊（撒拉族） 马建新（撒拉族）
《毛南族》 韩德明（汉族）
《仡佬族》 周小艺（仡佬族）
《锡伯族》 阿苏（锡伯族） 盛丰田（锡伯族）
何荣伟（锡伯族）
《阿昌族》 们发延（阿昌族） 张斯齐（蒙古族）
《普米族》 朱凌飞（汉族） 杨周明（普米族）
《塔吉克族》 西仁·库尔班（塔吉克族）
阿力木江·西仁（塔吉克族）
《怒族》 李月英（傈僳族） 张芮婕（傈僳族）
《乌孜别克族》 吾尔买提江·阿布都热合曼（乌孜别克族）
《俄罗斯族》 乃珂热曼·依布拉音（塔吉克族）
《鄂温克族》 黄任远（汉族） 那晓波（鄂温克族）
《德昂族》 袁丽华（汉族） 王燕（汉族）
《保安族》 马少青（保安族）
《裕固族》 董潇红（裕固族） 王政德（藏族）
《京族》 吕俊彪（汉族）
《塔塔尔族》 卡米力·库尔马尤夫（塔塔尔族）
《独龙族》 李金明（独龙族）
《鄂伦春族》 王为华（汉族）
《赫哲族》 黄任远（汉族）
《门巴族》 陈立明（汉族） 张媛（汉族）
《珞巴族》 陈立明（汉族） 李锦萍（汉族）
《基诺族》 朱映占（汉族）

总序

中国是一个统一的多民族国家，几千年来，有着悠久历史和灿烂文化的少数民族，与汉族一道，在中华大地上繁衍生息，共同开发着这块土地，建设、发展、捍卫着这个古老而伟大的国家。各民族都是兄弟，相互离不开，都是这个国家的主人。习近平总书记在第二次中央新疆工作座谈会上发表重要讲话，指出："要坚定不移坚持党的民族政策、坚持民族区域自治制度。民族团结是各族人民的生命线。要高举各民族大团结的旗帜，在各民族中牢固树立国家意识、公民意识、中华民族共同体意识，最大限度团结依靠各族群众，使每个民族、每个公民都为实现中华民族伟大复兴的中国梦贡献力量，共享祖国繁荣发展的成果。各民族要相互了解、相互尊重、相互包容、相互欣赏、相互学习、相互帮助，像石榴籽那样紧紧抱在一起。要在各族群众中牢固树立正确的祖国观、民族观，弘扬社会主义核心价值体系和社会主义核心价值观，增强各族群众对伟大祖国的认同、对中华民族的认同、对中华文化的认同、对中国特色社会主义道路的认同。"因此，坚持平等、团结、互助、和谐的社会主义民族关系，不断增进了解、紧密关系，深化友谊、建立牢不可破的感情基础，是中国社会转型期、改革攻坚期、矛盾多发期保持社会稳定、发展的基本要求，也是实现中华民族伟大复兴的中国梦的基本要求。

为了进一步宣传我国少数民族的历史文化和民族风情，增强对少数民族的认识，宣传党的民族政策和方针，加强各民族之间的了解与沟通，让读者了解少数民族文化，加深对我党民族政策的理解，中华人民共和国国家民族事务委员会文化宣传司和辽宁民族出版社共同策划了《走近中国少数民族丛书》。

依据上述原则，《走近中国少数民族丛书》的编写有以下三个特点：第一，采用图文并茂的形式、鲜活生动的语言、特色浓郁的图片以及丰富的民族常识链接，向读者展示我国55个少数民族的历史渊源、民族变迁、社会生活、文化艺术、风俗习惯、历史人物和民族区域自治政策的伟大实践。第二，作者多为本民族专家学者和与民族研究工作相关的专家学者，对自己撰述的对象既有深厚知识积累，也有真挚情感。第三，内容彰显了历史与现实、民族文化与地域文化、民族区域自治地方与散杂居地区少数民族生产生活的多彩画卷和轨迹，引导读者走近少数民族，聆听他们的古老传说，感受他们的发展变化，加深彼此的沟通和了解。这套《走近中国少数民族丛书》是面向民族干部和各级干部通览我国少数民族概况的普及读本，也是图书馆必备藏书。

《走近中国少数民族丛书》所揭示的每一个民族的历史，都承载着这个民族的文化，也承载着这个民族的发展和未来。中华大地孕育的55个少数民族多彩斑斓的民族文化，同汉族文化一道从远古走到今天，汇入了中华文化壮阔的历史长河。“共同团结奋斗，共同繁荣发展”，保护、传承和弘扬少数民族优秀文化，不仅是推动我国民族团结进步事业的重要内容，也是构建和谐社会、实现中华民族伟大复兴的中国梦的重要使命。期待通过《走近中国少数民族丛书》，使广大读者徜徉于少数民族多彩风情的同时，更加深刻地了解和认知中华民族多元一体的文化内涵，感受中华民族悠悠历史的深远与厚重。

丹珠昂奔

2014年6月26日

前言

鄂伦春族 北方古代民族文化的守望者

中国北方是一片神奇的土地，独特的地理、气候条件构筑起资源丰富的生态环境，养育了一代又一代北方民族，他们共同创造了独具特色的东北文化圈。据考证，最早的北方先民可追溯到距今28万年前，他们所创造的古代北方文明几乎与中原华夏文明并存于世。他们在与中原文化交流融合中不断崛起，从南北朝时期至清代，北方民族进军中原，先后建立了北魏、辽、金三个区域性政权和元、清两个大一统政权。古代北方民族一次次南下中原，其远古的文化渐渐消失在民族大融合的历史大变迁中。加之东北湿润、半干旱的季风气候不像西北干旱气候那样易于文化遗迹的保存，于是，少数民族史书中厚西薄东的现象就很容易理解了。从这个角度来看，研究东北古代民族后裔及其文化的意义就变得更为厚重些了。《走近中国少数民族丛书·鄂伦春族》的写作就是基于这样一种思考，让更多的人通过了解鲜为人知的鄂伦春族历史文化来进一步了解中国北方古代民族的文化，丰富中国少数民族文化的历史。

鄂伦春族是中国古代北方民族文化的守望者，他们世代居住在大、小兴安岭及黑龙江流域。据清朝初年的史料记载，17世纪中叶以前的鄂伦春人的活动范围很大，包括外兴安岭以南、黑龙江南北、西起石勒喀河、东至库页岛的广大地区。到了17世纪中叶以后，沙俄的势力开始向我国黑龙江流域扩张，使鄂伦春族开始大量的迁徙。原来居住在黑龙江北岸精奇里江两岸的鄂伦春人迁徙到了黑龙江南岸和大、小兴安岭一带，并从此定居下来。独特的地理位置、自然环境、植被物产等条件形成了鄂伦春族的狩猎、捕鱼、采集生产方式，孕育了渔猎文明，“棒打狍子瓢舀鱼”的生活状态中不乏秩序井然、自然和谐以及人间欢乐。直到20世纪50年代，鄂伦春猎人还凭借着一匹马、一杆枪游猎于兴安岭深山密林中。由于长期保存着比较原始的原生态生活习俗，这些远离高速公路，远离所谓的现代文明的那种完全迥异于都市生活的场景，为研究人类早期生活、文化现象提供了研究范例。因而鄂伦春族也被称作“北半球渔猎民族的活化石”。

鄂伦春渔猎文化趋向于与他们的生存环境和谐共存，由于人与自然环境表现为最直接的关系，所以鄂伦春渔猎文化主要围绕人与自然二要素在观念、行为、心态等诸方面表现出鲜明的特色。

第一，对大自然无限敬重的生存理念。上山打猎、下河捕鱼的收获虽然取决于个人的技术与经验，但是很大程度上取决于动物行动线路的变化等不确切的因素。所以，“神安排一切，恩赐猎物”的观念就很普遍。他们认为人乃至世间万物都是神所创造、神所恩赐，正是这种伴随神的意识而生的敬奉精神让人类逐渐走向文明。鄂伦春人选择万物有灵的信仰，通过对神的顶礼膜拜和祈求神的保佑来表达对自然的尊崇与敬畏。在狩猎过程中，鄂伦春猎人形成了一套庄严而神圣的祭神仪式：燃阿叉香，向山神敬烟敬酒、跪拜祈祷；狩猎之前从不估算狩猎成果；狩猎中不大声喧哗；捕获猎物之后常常祷告，祈求动物原谅；获得猎物先以动物血肉奉献神灵……

第二，游动迁徙的生存方式。自然界中，游动迁徙是一种常态，涓涓小溪汇入江河流向大海、朵朵白云随风飘荡、候鸟追随季节南征北飞、动物为了食物而到处奔跑……一切幸福尽在游动迁徙的过程中。而对于以追逐野兽、采摘果实、捕捞鱼群为生的渔猎民族而言，游动迁徙的生存状态便是一种必然。鄂伦春人“住所迁徙不定，逐鸟兽而居，大都在有山有河之处。此处鸟兽猎尽，即迁移他处。冬季多住于山之阳，夏季多住于河之滨也”。从生产与生态的关系角度看，渔猎民族逐水草野兽而不断迁徙的生存方式维持了生活、生产、生态三者之间的关联与平衡，保证了某一特定区域内的动植物重生的可能，因而渔猎文化在特定的自然生态环境中更具合理性。迁徙不仅练就了渔猎民族极强的适应能力和坚韧进取的性格，还扩大了他们与外界的交往，信息的传播、文化的沟通都借助迁徙而完成，从而形成了渔猎民族广收博纳的开放意识。

第三，合作和分享的平和心态。合作、分享是早期人类，也是今天部落民族在特殊自然环境中得以生存的可靠保障。最初可能是由于食物获取的困难，后来则逐渐演变为一种社会义务、一种对等互惠的制度，它也促成了大度、宽容、友善、互助等良好品德的形成。这一点，也应该成为现代文明所追求的主要目标。早期的鄂伦春族的渔猎活动是以“乌力楞”为单位的集体行动，人们共同劳动，共享猎获品。随着狩猎规模的扩大，鄂伦春人组成了3~5个或5~7个猎手的“安嘎”（狩猎队），“安嘎”分工协作，做饭、管理马匹、猎获动物，各司其职，无论狩猎技术高低都平均分享猎物。老人、体弱的人可能受到更多的关照，“尼玛都纶”（鄂伦春语，“赠送”的意思）使没有劳动能力的人获得保障。

渔猎文明是迄今为止“人类历史上最成功与最持久的适应方式”，渔猎文化对自然取之有度、合理利用的理念至今值得我们在解决环境问题方面予以借鉴。保存文化多样化就意味着人类缓冲策略的多样性，人类就有可能获得可持续生存。

在现代化进程中，全球经济迅速一体化带来的强劲文化趋同趋势对民族传统文化造成了猛烈冲击，无数人类各具特色的原生文化行将消亡，鄂伦春人在民族文化“生存与毁灭”的矛盾境地中彷徨、迷惘、焦虑和不安，“照顾”及加速其“城市化”都未必是解决问题的良策。过度“照顾”只能增强“等、靠、要”等依赖意识；而完全的城市化之路，分明也是在“扬弃与重塑”的借口下，对一个民族及其文化的彻底放弃。文化变迁应该是作为文化的载体——文化中的人的主动选择，如果文化中的人“自暴自弃”，那么即便是“亡羊补牢”也是于事无补，鄂伦春传统文化的日益衰落便是必然。然而，纵观所有有关鄂伦春族的资料，我们可以强烈感受到来自人口较少民族强烈的述说与自我阐释的渴望，看到民族意识的觉醒，看到民族自我定位的追求；鄂伦春族文化精英、民族干部甚至是普通百姓更是对鄂伦春族传统文化的传承与保护呕心沥血；各级政府的高度重视，研究人员、民族精英对鄂伦春传统文化研究也更为广泛和深入。这让我们看到了鄂伦春族传统文化在现代化进程中重构与传承的希望，我写的这本《走近中国少数民族丛书·鄂伦春族》也包含着重拾“文化基因”、重构传统文化的努力。

目录

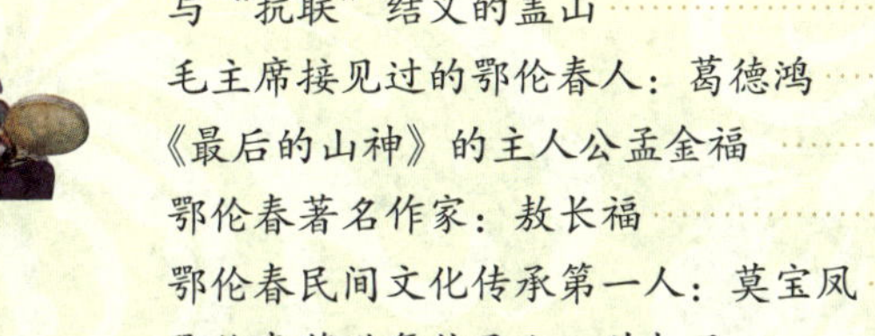

第一章
书山文海 寻觅鄂伦春

在中国绝对的北方，在森林覆盖的高高兴安岭上，一个世代以狩猎为生的民族因为与世隔绝而鲜为人知，是谁第一个发现了他们并把他们写进史书是需要历史学家去考证的，但是那首脍炙人口的《鄂伦春小唱》真的让“一个人，一匹马和一杆枪的形象”植根于人们的脑海，他们被人们亲切地称为“森林骄子”鄂伦春。

越来越多的人开始关注他们，越来越多的学者开始研究他们。让我们在古籍中寻找鄂伦春先人的足迹，在前人的著述中让鄂伦春人的形象更加清晰，让我们慢慢走近鄂伦春。

《清史稿》书影

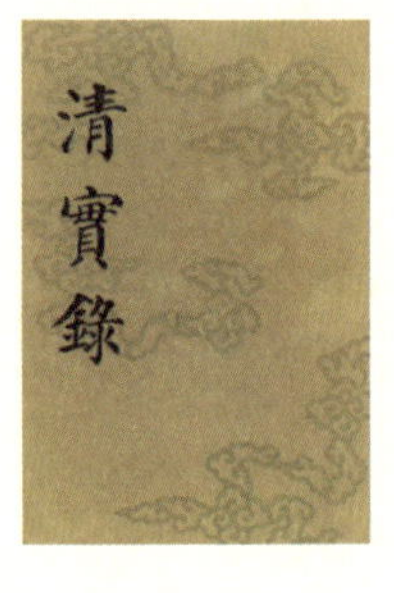

《清实录》书影

文献典籍是我们研究一个民族历史的重要依据，对于一个仅有语言而没有文字的民族而言，以异族文字或汉文字记载的只言片语都是很有意义的。

由于鄂伦春族长期生活在相对封闭的生活环境中，因而对他们的记载不是很多，到了清朝时期，清政府加强了对东北边疆的管理，于是在《清史稿》《清实录》中我们可以找到数千篇有关“索伦”的小文章，其中260余篇明确提到了鄂伦春（鄂罗春、俄尔吞等）。

新中国成立后，国家民族事务委员会开始调查了解中国境内10万人口以下的22个少数民族的经济、社会、文化等方面的状况，许多无文字记载的口承文化被采录、翻译、整理，成为文化遗存的重要组成部分，同时还涌现出大批对该民族传统文化的民族志等描述著作。近年来，伴随着国家对民族工作的重视及其对民族文化研究的加强，许多学者依据文献资料和实地调查，对鄂伦春族文化变迁、生存发展现实状况深入分析研究，许多研究成果、著作相继问世。

所有这些构筑了有记载的鄂伦春族历史。

从“索伦部”到“鄂伦春”

鄂伦春的英文名是Oroqen，而鄂伦春族的英文名称是汉语拼音的elunchunzu和英语的Oroqen ethnic minority group。这是近代翻译的，一般不会有太多的异议。但是翻看史书你却会发现“鄂伦春”在汉语里有“俄尔春”“鄂尔春”“俄罗春”“俄伦春”“鄂伦春”等多种读音和写法。这主要是由于用汉语拼写少数民族的语音时，审音定义不够准确造成的，读音相近的汉字在不同译者的理解中出现了偏差。这些读音和写法的标注，并不能对这个民族造成任何实质性的影响，如今人们已经认同了

部分有关鄂伦春族的研究文献

知识链接 "索伦部""使鹿部""打牲部"

"索伦部"，是明末清初对分布在西起石勒喀河，东及黑龙江北岸支流精奇里江（今俄罗斯境内的洁雅河），北起外兴安岭，南至大、小兴安岭一带的达斡尔、鄂伦春、鄂温克等民族的统称。

"使鹿部"主要是指鄂温克人和部分使用驯鹿的鄂伦春人。

"打牲部"则主要是对专门从事狩猎或一边征战一边狩猎的鄂伦春和鄂温克人的称谓。

"鄂伦春"三个字。

"鄂伦春"这一名称最早的记载见于清朝康熙二十二年（1683）。在此之前，鄂伦春族只是被笼统地归入"索伦部""使鹿部"或"打牲部"当中。在更久远的元代，成吉思汗曾于1207年派术赤征"林中百姓"，这些"林中百姓""逐水草为居，以射猎为业"。从《蒙古秘史》的这些记载中我们不难看出，"林中百姓"包括了鄂伦春的先民们。到了明代，《大明一统志》中记载，在黑龙江以北有"北山野人"，"乘鹿以出入"，这也包括鄂伦春族中的"使鹿部"。明永乐七年（1409），明朝政府在大兴安岭地区设立了"卫所"和"奴儿干都司"，加强了对这里少数民族的管辖。

"鄂伦春"一词的三种解释

"使用驯鹿的人"。鄂伦春在较早的年代使用过驯鹿，驯鹿通古斯语音称为"鄂伦"。20世纪80年代在鄂伦春地区进行社会历

知识链接 驯鹿 身躯似驴，足似牛，头似马，角似鹿，又称四不像。

驯鹿

史调查时，许多老人都说，鄂伦春族称来源于驯鹿，因为他们使用驯鹿，故称使用驯鹿的人。后来，一场瘟疫使鄂伦春的驯鹿全部死亡，他们用马匹替代了驯鹿。鄂伦春族已近百年不饲养和使用驯鹿了，倒是鄂温克人至今还在使用驯鹿。所以，一些喜欢开玩笑的鄂温克人常对鄂伦春人说："现在我们还使用驯鹿，我们才应该是鄂伦春。"虽然是玩笑，但是我们也能看出，两个民族在历史渊源上的亲密关系。

▲

刘文华画作

知识链接 **鄂伦春、鄂温克、赫哲同宗** 这是一个时至今日还在流传的有关鄂伦春、鄂温克、赫哲族同宗的古老传说。很久以前，满—通古斯语族中的各个民族，在远古时代居住在外兴安岭、北海（贝加尔湖）一带，迁至黑龙江南岸后，一部分人喜欢山岭上的广袤森林，便留下来不走了，所以这部分人自称为"乌热千"（鄂伦春）；另外一部分不喜欢住在山岭上的人，来到山下居住，这部分人就是"鄂温克"，意思是从山上下来的人们；还有一部分人既不住在山岭上也不住在山下，而是乘木筏顺江而下，一直来到"三江"地区，这部分人就称为"赫哲"，意思是沿江而居的人们。

关于鄂伦春族源传说的浮雕壁画 ▶

“山岭上的人”。鄂伦春人称山岭为“奥伦”，“奥伦”与“鄂伦”两音基本相同，鄂伦春语中的“春”，读作“千”，是人的意思。因此用山岭上的人来解释族称。在鄂伦春族中，对于居住在不同部落和地域的人们都称为某某“千”，例如“毕拉尔千”“呼玛尔千”“爱辉千”等。由于鄂伦春的生产生活基本上都围绕着大兴安岭的崇山峻岭，所以“山岭上的人”的解释更符合实际，也是现在鄂伦春族普遍认同的。

学者给出了第三种解释：“土著人”。史禄国认为鄂伦春是由“奥伦千”转来的。“奥伦千”的语根“奥伦”是“座位或地方”的意思，也就是“本地”的意思。事实上，在毕拉尔（指今黑龙江东部的鄂伦春人）人说：“Bieribu rad orocic bisia”，也就是说“我，在这地方、有着住所、是”。这个名词可以容易地变成“鄂伦春”。一个通古斯人在被问他是什么人时，可以回答说，我是本地人，土著人（奥伦千），以对答另外新来的人。

事实上，直到伪满时期，鄂伦春和鄂温克还是一个民族，只是不同的部落或部族而已。那时候的“谙达”都知道“鄂伦千”是鄂温克众多“千”里的一个，他们叫鄂伦春族。

族称最终确定下来叫鄂伦春族是20世纪50年代民族识别的时候，那时候全国刚解放，中国民族很多，需要一批批、一步步地识别。鄂伦春是属于最早被识别的一批。

知识链接　赫哲族　鄂温克族

赫哲族：中国北方唯一以捕鱼为生的民族，主要分布在黑龙江省同江县、饶河县、抚远县。少数人散居在桦川、依兰、富饶三县的一些村镇和佳木斯市。赫哲族还是中国人口最少的民族，现今大约只有4640人。赫哲语是他们的民族语言，但是能用本民族语言交流的只有十几位60岁以上的老人，绝大部分人都已使用汉语。伊玛堪、鱼皮衣是赫哲族非物质文化遗产。

鄂温克族：中国北方人口较少民族之一，主要分布在中国东北黑龙江省讷河市和内蒙古自治区。在北纬52度的大兴安岭原始森林里，至今仍有鄂温克人的脚印与炊烟，其定居点便是有“北极村”之称的敖鲁古雅鄂温克猎人村。大部分鄂温克人以放牧为生，其余从事农耕。驯鹿曾是鄂温克人唯一的交通工具，被誉为“森林之舟”。鄂温克族信奉萨满教和喇嘛教。主要节日有祭敖包、阴历年和米阔勒节。

室韦、肃慎后裔之争

在鄂伦春的民间故事中有这样一则传说：远古的时候，美丽的兴安岭上杳无人烟，天神“恩都力”用飞禽的骨骼、肉和泥土做了十男十女，并教他们狩猎技巧，这些以捕捉野兽为生的人就是鄂伦春人的祖先。传说是美丽的，但这仅仅是鄂伦春人对民族起源的想象。

姜荣慧画作

民族的起源是民族史上重要的研究内容之一。关于鄂伦春族的起源问题，在过去的许多年中吸引了很多的学者进行探讨和研究，说法很多，最主要的还是室韦、肃慎后裔之争，一时还难以定论，仍处于假说阶段。

肃慎后裔的假说

鄂伦春人起源于肃慎的结论是从语言、地域角度进行研究得出的。鄂伦春族的语言属于阿尔泰语系满—通古斯语族北语支，与源于肃慎的满族、赫哲族、鄂温克等民族的语言属同系，不仅基本词汇，甚至是语法结构都是相同的。由此，学者们得出结论：鄂伦春族是肃慎的后裔。在地理位置上，通古斯族系曾被以挹娄、勿吉、靺鞨等民族记录在当时的诸多史书当中。根据《三国志·挹娄传》，有学者认为今黑龙江以北外兴安岭一带，应当包括在挹娄分布区内。因此鄂温克、鄂伦春诸族先人，在汉代可能是包括在挹娄这一统称之中。所以鄂伦春族是肃慎及其后面的挹娄、勿吉、靺鞨、女真等民族一脉相承下来的民族后裔。

知识链接 **肃慎** 中国古代东北民族，是现代满族的祖先。又称息慎、稷慎。传说舜、禹时代已与中原有联系。周武王时，肃慎贡“楛矢石砮”，臣服于周。商、周时分布于我国的黑龙江、乌苏里江流域和长白山一带。大体分布在今长白山以北，西至松嫩平原，北至黑龙江中下游的广大地域。

▲

嘎仙洞

室韦人后裔的假说

认为鄂伦春人是室韦人后裔的结论是以活动区域、生活习俗和史料记载为依据的。从我国古代史籍的记载中看，认为与鄂伦春有比较直接关系的古老民族，大概是南北朝时期活动于黑龙江流域的“室韦人”，而其中的“钵室韦”可能与鄂伦春有着某些渊源关系。室韦的一部分——钵室韦历史上一直活动于大兴安岭一带，依胡布山而居，即今黑龙江以北西林木迪河（今俄罗斯昔林扎河）河源的玛雅岭，而这一带正是早期鄂伦春族活动场所。而且钵室韦与鄂伦春在衣食住行、婚丧嫁娶等许多生产生活的习俗方面都十分接近。例如：《北史·室韦传》中记载：钵室韦人“用桦皮盖屋”“饶獐鹿，射猎为务，食肉衣皮”。而这与鄂伦春人史上传下来的用桦皮盖“仙人柱”，使用驯鹿、游猎、衣兽皮、食兽肉的风俗习惯基本相同。在婚俗和丧葬上，钵室韦有“男先就女舍”的婚俗和“父母死，尸则置于林树之上”的丧俗，这也与鄂伦春人的成年男女一旦订立婚约，未婚夫可以先居住到未婚妻家的婚俗和风葬、树葬的习俗基本吻合。所以，持这一观点的学者们认为，鄂伦春族应该是钵室韦人的后裔。

知识链接 **室韦** 中国古族名。公元5~10世纪主要活动在嫩江、绰尔河、额尔古纳河、黑龙江流域。又作“失韦”或“失围”。中唐以后，文献上又把室韦称作 “达怛”。室韦——达怛人是东胡后裔，是蒙古族的先民。

“嘎仙洞”的证据

在内蒙古自治区鄂伦春自治旗境内的阿里河西北9公里处有一天然石洞，鄂伦春人称为“嘎仙洞”，它长92米，宽27.8米，高20多米。1980年，考古人员在石洞的墙壁上发现了北魏太平真君四年（443）拓跋焘遣使祭祖，刻于洞内石壁上的祝文。这一重大发现证实嘎仙洞即《魏书·礼志》所载拓跋鲜卑的“祖庙”石室，是大兴安岭腹地最早见于我国史书明确记载的史迹，是一份保存至今1500多年的“原始档案”。从而进一步证实，拓跋鲜卑的先人起源于大兴安岭北部的丛山密林地带。古称所谓“大鲜

知识链接 **嘎仙洞石壁上的祝文** 拓跋焘遣使祭祖，刻于嘎仙洞石壁上的祝文：

维太平真君四年，癸未岁七月廿五日，天子臣焘使谒者仆射库六官中书侍郎李敞、傅□（此字上为“少”，下为“兔”）用骏足，一元大武，柔毛之牲，敢昭告于皇天之神：

启辟之初，佑我皇祖，于彼土田，历载亿年。聿来南迁，应受多福。光宅中原，惟祖惟父。拓定四边、庆流后胤。延及冲人，阐扬玄风。增构崇堂、克揃凶丑，威暨四荒，幽人忘遐。稽首来王，始闻旧墟，爰在彼方。悠悠之怀，希仰余光。王业之兴，起自皇祖。绵绵瓜瓞，时惟多祜。归以谢施，推以配天，子子孙孙，福禄永延。

荐于：皇皇帝天、皇皇后土。

以皇祖先可寒配，皇妣先可敦配

尚飨！

东作帅使念凿。

卑山”即指大兴安岭（兴安岭的“兴安”与“大鲜卑山”的“鲜”可能是同音异译）。而在鄂伦春人的民间传说中也存在着关于“嘎仙洞”的传说：嘎仙洞在嘎仙山的半山腰上，是鄂伦春人世代狩猎生息的地方。后来被从外兴安岭来的一群吃人的“蟒猊”霸占，柯阿汗赶走了蟒猊，夺回了嘎仙洞，人们尊称柯阿汗为“柯阿汗仙”，后来被叫成了嘎仙，嘎仙洞由此得名。从中我们可以看出，考古学的发现和鄂伦春族的民间传说都为鄂伦春源于室韦提供了有力的证据。

室韦与肃慎关系的假想

就目前现状而言，居住在内蒙古地区的鄂伦春族（包括本民族的研究者）大多坚持鄂伦春族起源于室韦，而居住在黑龙江的鄂伦春族则大多坚持本民族起源于肃慎。其实任何一个民族都是某一地域内人们长期共同生活的集合体。对于历史上的鄂伦春族而言，他与其相邻的其他民族在历史上必然要存在着相互间的交往，在长期的交往过程中，彼此的风俗习惯、民族心理等方面相互融合，产生相似之处也是不可避免的。这也就是我们在研究中发现的鄂伦春族的先人们既与室韦有着相似的风俗人情又与肃慎有着紧密的联系。而对于历史的研究让我们了解到，我国历史上早期的北方诸多民族都曾经从事过渔猎经济，这是他们共同的特征。相近的生产生活方式必然会产生相似的风俗习惯。因此，不能单单从这一个方面去考察鄂伦春族的源头。从历史记载中我们可以猜想，室韦的语言包括两部分：一部分是蒙古语；另一部分为通古斯语。而得出这样的结论，就把鄂伦春族溯源“肃慎”还是“室韦”统一了起来。北方先民们曾经进行过多次的迁徙，有学者证实，鄂伦春族的居住地曾有室韦人活动，而室韦也并不是单纯的一个民族。有的虽然被称为室韦族，但实际上是肃慎系的靺鞨族。这里我们就可以又一次地把鄂伦春族溯源“肃慎”还是“室韦”统一起来。

我们可以大胆地想象，在历次的民族迁徙中，室韦的一部分和肃慎的一部分走到了一起，经过长期的共同生活使原本在语言和风俗习惯等方面就很相近的两个民族的人们组成了后来的鄂伦春族的先人。

格陵兰岛上的爱斯基摩人

鄂伦春与爱斯基摩人的渊源假说

历史上确实存在的频繁的迁徙甚至还将鄂伦春与爱斯基摩人联系到了一起。因为爱斯基摩人使用的一些词汇和鄂伦春语相通，面相也十分相似，而且他们与亚洲同时代的人有某些相同的文化特色，例如用火、驯犬、某些特殊仪式、医疗方法、分别居

爱斯基摩人的摇篮

知识链接 **爱斯基摩人（Eskimo）** 北极地区的土著民族。他们自称因纽特人。分布在从西伯利亚、阿拉斯加到格陵兰的北极圈内外。分别居住在格陵兰、美国、加拿大和俄罗斯。属蒙古人种北极类型。先后创制了用拉丁字母和斯拉夫字母拼写的文字。多信万物有灵和萨满教，部分信基督教新教和天主教。住房有石屋、木屋和雪屋。房屋一半陷入地下，门道极低。一般养狗，用以拉雪橇。主要从事陆地或海上狩猎，辅以捕鱼和驯鹿。以猎物为主要生活来源：以肉为食，毛皮做衣物，油脂用于照明和烹饪，骨牙作工具和武器。

住、社会以地域集团为单位、首领多为萨满、实行一夫一妻制，等等。于是便猜想爱斯基摩人是渡过白令海峡远赴北美的一支鄂伦春。从前冬天很冷，白令海峡像北冰洋一样是冻起来的，从冰上可以过去。日本学者藤本强的《北方之遗迹》提到，东京大学考古工作站在北海道网走市常吕町荣浦第二遗迹发现了类似中国北方鄂伦春族文物的遗存，为寻找北海道的土著居民暇夷人（虾夷人、阿夷努人）的族源提供了重要线索。

当然，所有的族源假说还有待于考古的进一步发现以及科学的论证。

哈拉、穆昆与乌力楞

关于鄂伦春族早期经历了哪些发展阶段，各个阶段的社会性质如何，由于缺少历史资料的记载，我们知之甚少。古老的鄂伦春族神话让我们得以触摸历史，在《九姓人的来历》中有这样一段传说："有一年山火成灾，紧接着又是突如其来的山洪，所有的人都被烧死或淹死了，就剩下一个大姑娘和一个小男孩，大姑娘把小男孩抚养成人后结成夫妻，生了九男九女18个孩子。这18个孩子又结成了9对夫妻，繁衍了鄂伦春人的后代。"神话留下了远古时期兄弟姐妹互为夫妻的血缘家庭生活的痕迹让后人遐想。

大兴安岭河流众多

直到17世纪以后，我们才能够在史料中逐渐地看到关于鄂伦春族氏族社会的发展状况。

哈拉

“哈拉”，鄂伦春语姓氏的意思。鄂伦春族的姓氏来自于古代各个氏族的名称。据史料记载，鄂伦春族的氏族有20个左右。每个氏族分别居住在黑龙江、嫩江和额尔古纳河流域的各个支流，他们以那里的山川河流或者氏族图腾为氏族命名，其氏族后代就用氏族名称的首个字为姓，“哈拉”就这样产生了。每个人通常都能说出自己姓氏的全称，如莫苇鸿，莫是姓，苇鸿是名，当问到她的姓氏时，她就告诉你姓“玛拉依尔”。同一个“哈拉”的人是同一祖先的后代，血缘关系很近，所以鄂伦春族严禁同一“哈拉”内部通婚。

民国以后鄂伦春氏族姓氏逐渐演变为现在的汉姓，鄂伦春族主要姓氏的鄂汉对照：

知道识链接

氏族姓氏	汉姓氏
玛拉依尔	孟
吴恰堪	吴
葛瓦依尔	葛
古拉依尔	关
魏拉依尔	魏
玛哈依尔	猛（已改孟）
莫拉呼尔	莫
杜宁肯	杜
卡日基尔	韩
柯尔特依尔	何
白依尔	白
阿其格查依尔	阿
车基尔	陈
毛毫依尔	赵

1953年，鄂伦春人定居之后，特别是到20世纪70年代，鄂伦春族和异族通婚增多。20世纪80年代初人口普查时，允许变更民族成分，原随父亲（汉族）民族成分的多改报母亲（鄂伦春族）民族成分，扩大了鄂伦春族人口，增加了姓氏。据1985年9月调查，黑龙江省鄂伦春族5乡8村和其他民族通婚119对（户），331人（包括子女），占鄂伦春族总户数的26%，占鄂伦春族总人口的23%，所以，现在的鄂伦春姓氏已由原来的十余个变成了“百家姓”。

穆昆

“穆昆”，鄂伦春语“兄弟们”或“同姓人”的意思，同一父系血统的共同体，有九代之内或十代之内血缘团体组织之说，穆昆内的每个成员都有为长辈尽孝的义务。女子出嫁仍属于娘家氏族的成员，直到当了婆婆才被丈夫氏族认可并拥有议事表决的权利。每个穆昆都供奉同一个祖先神。“穆昆”的首领叫作“穆昆达”，一般是由有威望、办事公道、辈分较高、有丰富狩猎经验的男性长者担任，负责处理氏族内部一切事务，负责氏族习惯法的管理与执行，主持每三年一次的氏族大会。

乌力楞

“乌力楞”，鄂伦春语“子孙们”的意思，指同一父系所传的几代子孙，一般由一位父亲的后裔包括叔伯兄弟在内的三至四代人组成。

定居前的“乌力楞”

“乌力楞”是穆昆之下鄂伦春人的又一个组织形式，是鄂伦春人生产和消费的基本单位。他们自行安排生产和生活，生产资料公有。他们的居所（仙人柱）往往一字排开，长者居中，小辈排两边。

“乌力楞”的首领叫作“塔坦达”，汉语的意思是“一个火堆的首领”，因为，在一个“乌力楞”里所有的人共同生产、共同消费，围着一个火堆吃饭。“塔坦达”由全“乌力楞”的人共同推荐，一般由有威望、狩猎经验丰富的男性长者来担任。“塔坦达”的主要责任是安排、管理整个“乌力楞”的生产活动、主持祭祀和婚嫁等仪式、处理“乌力楞”的内外事务等。

柱

“柱”，鄂伦春语，意思是家庭，它是“乌力楞”逐渐分化出的社会细胞——一夫一妻制的小家庭，它是社会的发展和生产力进步的产物。

仙人柱

鄂伦春人的家庭，以两代人组成的居多，成员一般2～7人。家庭中的家长是父亲或长兄。男子在家庭中主要从事狩猎、捕鱼、制造和修理一些与此有关的生产工具。妇女主要从事家务、手工、采集劳动。男子是家庭中的主宰，但不独断专行，在决定家庭中重大事情时，还要听取家庭成员的意见。虽然妇女受到许多禁忌的限制，但妇女特别是老年妇女在家庭中有一定的影响，在女儿的婚姻上，母亲的意见往往起决定作用。孩子在家庭中备受爱护。

鄂伦春族的婚姻制度基本上是一夫一妻制，这种一夫一妻的小家庭开始成为鄂伦春族新的生产和消费的基本单位。“乌力楞”开始由有血缘关系的组合向有姻亲关系或生产互补关系的组合转变，我们把这个叫作“乌力楞”的次生形态。这种组合形态成为辛亥革命前后一直到新中国成立前期鄂伦春族社会的主要形态。

路、佐

“路”“佐”是清政府设置的基层行政机构。康熙二十二年(1683)，清政府为加强对鄂伦春人的统治，将散居各地的鄂伦春人编入布特哈八旗，当时设置了5个路，即库马尔路、毕拉尔路、托河路、阿里路和多布库尔路。下设8个佐，后来增至16个。一个“路”大致就是原来的一个部落，“佐”是集行政、军事、司法和生产为一体的基层权力机构。每个佐两三个氏族，小佐四五十户，大佐百余户。清政府向鄂伦春摊派徭役、招手丙丁、纳贡征税都要通过路和佐来贯彻实施。

自治旗

新中国成立以后，1951年4月7日，中央人民政府政务院批准成立鄂伦春旗。1952年5月31日，中央人民政府内务部批准将“鄂伦春旗人民政府”改为“鄂伦春自治旗人民政府”。鄂伦春自治旗归呼伦贝尔盟管辖。1969年8月1日，鄂伦春自治旗划归黑龙江省大兴安岭地区管辖，1979年7月1日重新划归内蒙古自治区呼伦贝尔盟管辖。

与自然相生的生活方式

任何一个民族的生产生活形式都与其经济形态息息相关，而经济形态又是由生存环境所决定的，特定的生态环境是产生特定文化形态的必要条件。虽然科学的发展已经让我们不再局限于“环境决定论”，但是也无法否认生态环境对于文化的发源、发展所具有的重要影响和制约作用。不同的地理条件、动植物群落、物产资源等，必然导致人类使用不同的工具与技术去开发和利用，并形成不同的经济文化模式和社会组织。

野猪

那座山　那片水

大兴安岭实在算不上是崇山峻岭，因为它平均海拔在1200～1300米之间，最高峰也不过2035米。然而北宽南窄，北低南高，东陡西缓的山体却成为来自鄂霍次克海及南太平洋湿润季风东进北上的一大屏

草木欣荣的大兴安岭

障，增加了这里的降水，让众多的湖泊散落群峰之间，还有数千条大小河流发源于大兴安岭腹地。这里天高云阔，孕育了一片森林的海洋，不仅为种类繁多和数量很大的野生动物提供了非常好的栖息和繁殖的场所，也为食草和食肉动物提供了非常丰富的食物。大小兴安岭密如蛛网的江河也造成了鱼类产品的繁多。

鄂伦春族在1653年以后迁移到黑龙江南岸大、小兴安岭广大地区，茂密的森林，游猎的鄂伦春人在大兴安岭腹地勒住了马缰，他们将心爱的猎马散放在阿里河、甘河、托河畔，猎人们清晨出猎的马蹄声踏破了密林的静谧。纵横的河流和丰富的生物群落构成了兴安岭草木欣荣、动物喧嚣的生态系统，大自然的恩赐使鄂伦春人过着相当富足的生活，“棒打獐子，瓢舀鱼”是他们那时生活的写照。

知识链接 **大兴安岭动植物资源** 大兴安岭是我国重要的原始林区之一。林木蓄积量5.01亿立方米。占全国总蓄积量7.8%，除森林之外大兴安岭还有数量众多的林下动植物资源。主要有：兴安落叶松、樟子松、云杉、白桦、岳桦、黑桦，还有种群庞大的杨柳科植物、蔷薇科植物等；还有许多药用植物资源、芳香油植物资源、食用植物资源等。大兴安岭林区内野生动植物繁多。有400种野生动物。驯鹿、驼鹿（犴达犴）、马鹿、梅花鹿、棕熊、紫貂、飞龙、野鸡、榛鸡、天鹅、獐、狍、野猪、雪兔等各种珍禽异兽。国家一类保护鸟类有：黑嘴松鸡、金雕；二类保护鸟类有：花尾榛鸡、黑琴鸡、大天鹅、鸳鸯、普通鵟。兽类中国家一类保护动物：紫貂、貂熊、原麝；二类保护动物有：棕熊、猞猁、雪兔、马鹿、驼鹿。江河里还有哲罗鱼、细鳞鱼、大马哈鱼等鱼类品种。

游动迁徙的生活方式

胡朴安在《中华全国风俗志》中这样记载：鄂伦春人“住所迁徙不定，逐鸟兽而居，大都在有山有河之处。此处鸟兽猎尽，即迁移他处。冬季多住于山之阳，夏季多住于河之滨也”。

逐鸟兽而居的这种纯粹的攫取生活或许会引发人们对其所到之处必然如扫荡一般、洗劫一空的想象。然而事实并非如此，鄂伦春人早已在几千年以前就理解了山地生存的自然规律，他们间隔一段就会迁徙，在无意识中为其后人留存了以足够时间复原的良好的生态环境以及不可多得的生存发展空间。

科学研究也表明，在一个有限的生活环境中，长期来看，野生动物的死亡数量总是相当于繁殖成活的数量，并不会造成生物减少和灭绝。适度的狩猎可替代因饥饿、捕食和疾病等因素造成的死亡而不影响动物种群在下一个繁殖季节的数量，并不会造成生物减少和灭绝。从生产与生态的关系角度看，渔猎民族逐水草野兽而不断迁徙的生存方式维持了生活、生产、生态三者之间的关联与平衡，保证了某一特定区域内的动植物重生的可能，因而渔猎文化在特定的自然生态环境中更具合理性。

狩猎生产不仅是鄂伦春人生存的物质支柱，甚至是整个鄂伦春民族物质文化和精神文化的全部物质基础。鄂伦春的社会生活，包括家庭结构、社会组织、观念形态等等都是围绕着如何能够获取足够的生产资料而设计的。他们把全部的生存希望都寄托给了周围富饶而又神秘的山岭。从衣食住行到婚丧嫁娶，几乎所有的生产生活资源全部来自于大自然。

观念与生态平衡

在鄂伦春人的观念里，自己所猎得的每一分收获都是山神“白那恰”所赐，是人人可享、人人可得的。所以，猎人们在狩猎的时候不会过分地要求猎物的数量，更不会对周围的物种进行无限制的索取。鄂伦春族在狩猎的时候有一些禁忌的：出猎的人如果路经山神“白那恰”，必须要下马磕头祷告，否则不仅打不到猎物，而且还会倒霉。在打猎的过程中，不能打正在交配中的野兽，如果打了会受到兽类的诅咒，后世不得安宁；不能打正在

拜山神“白那恰”

哺乳或孵卵的野兽，如果打了，以后就再也不会打到猎物；猎人在猎到熊之后，要把它的头割下来安放在树杈或者树墩上，不准驮回家，否则就会受到惩罚。鄂伦春人还从来不打鸳鸯和鸿雁，因为它们都是成双成对地生活在一起的，如果其中的一只意外死亡，另一只也将会在孤独中悲惨地死去。所以，鄂伦春人认为，打了鸳鸯和鸿雁会破坏它们的繁殖。这种朴素、原始的“共有”观念与狩猎禁忌，在无意识中保护着大、小兴安岭地区的野生物种的生态平衡。

知识链接 **白那恰** 鄂伦春人心中的山神，统辖着崇山峻岭及山林中的动植物。为了供奉山神，他们在山中高大的老树干上，距地面近两米的地方砍去一块树皮，刻一人脸，猎民每次路过，都要给“白那恰”装烟、敬酒、叩头、上供。

然而，当以生存为目的的攫取转变为以换取巨额利润为主的索取时，生态环境的变化也是惊人的。中东铁路修建以后，俄国和日本侵略者对大兴安岭资源掠夺性的开采，使大兴安岭资源遭到严重破坏；民国以后，随着先进步枪的普遍使用以及大批移民的涌入，对动物的过度捕猎给野生动物带来灭顶之灾；20世纪50年代中期对大小兴安岭原始森林的大量开采，造成原始森林的基本消失；农业的发展以及对林下资源的无节制开采，使森林面积锐减。有科学家分析，一片森林面积减少10%，能够继续在这片森林生存的物种就将减少一半。那么以上种种行径对大兴安岭造成的野生动物灭绝和生物多样性减少的程度可想而知。生态的失衡、生物链的破坏使洪水频发、泥土流失、火灾泛滥，大自然给贪婪的人们以无情的报复。生态环境的变化致使与自然环境共荣共生的鄂伦春渔猎文化也濒临衰亡。

▲

伐木

狩猎的智慧

与鄂伦春老人走进森林就如同进入了知识殿堂，他会告诉你数百种可采集利用的生物，几十种狩猎的方法和各种动物的特性，生产生活的直接经验让他的头脑装进一部森林的百科全书。

在狩猎经济占主导地位的时代，大部分鄂伦春人都是优秀的猎手。鄂伦春男孩一般在五六岁即用弓箭和木枪做狩猎游戏，七八岁练习骑马，十岁以后练习射箭和射击，十二三岁就跟长辈到猎场进行初步实践。到了十四五岁他们便开始单独狩猎了。

一个好的猎手，首先要有丰富的地理知识，善于寻找猎场，还要对各种动物的习性了如指掌，根据季节、地形的不同采取不同的狩猎方法，更要具备过人的胆识、准确的箭法和枪法。在长期的狩猎活动中，鄂伦春人不断总结经验创造了多种狩猎方法，创造了灿烂的狩猎文化。

▲

两个鄂伦春族儿童学习射箭

狩猎队行进在林海雪原中

追捕

狩猎队行进在林海雪原中追捕猎物是常用狩猎方式，鄂伦春猎手凭借对动物习性的了解以及对动物踪迹的判断而有目的地寻找，树枝间剐蹭的鬃毛、草丛树叶上碰落的露珠、雨点、动物的排泄物、地上的蹄印都为猎人指明了方向，加上猎犬的帮助，猎人很少空手

野猪就是这样被抓的

知识链接 **野猪的生活习性** 野猪是一种普通但又使人捉摸不透的动物，白天通常不出来走动。一般早晨和黄昏时分活动觅食，中午时分进入密林中躲避阳光，喜欢在泥水中洗浴。野猪大多集群活动，4~10头一群是较为常见的，发情时公猪会单独行动，鄂伦春人称之为“孤猪”。公猪常在树桩、岩石和坚硬的河岸上摩擦身体两侧，将皮肤磨成了坚硬的保护层，可以避免在发情期的搏斗中受到重伤。公猪打斗时，互相从二三十米远的距离开始突袭，胜利者用打磨牙齿来庆祝，并排尿来划分领地。失败者翘起尾巴逃走。野猪身上的鬃毛具有像毛衣那样的保暖性。到了夏天，它们就把一部分鬃毛脱掉以降温。它们通过哼哼的叫声来进行远近距离的交流。

而归，猎人们用这种方法追捕密林丛中长茸角的公鹿；猎获冬秋季节的野猪；追猎捕食或休息的老虎等等。但是如果遇到“孤猪”（交配期的公野猪）就另当别论，因为此时的野猪凶猛异常，民间就有“一猪二熊三老虎”之说，如果有人打到这样的“孤猪”就会被赞誉为“艾亚莫日根”（好猎手）。

围捕

围捕是人们利用集体的力量进行合围捕杀大型动物所用的方法，比如遇到野猪群，三四个人和一些猎狗组成一个狩猎组，分工合作，摸准野猪只跑直线不改变奔跑方向的习性对其射击。狗在这种捕猎中具有重要地位，几条狗可以把三四百斤重的野猪按倒。

诱捕

诱捕主要针对鹿、犴和狍子。秋季是鹿和犴发情的季节，公鹿和公犴会发出“呦呦”“噢噢”的声音来呼唤母兽，猎人用自制的乌力安（鹿笛），模仿动物的叫声，吸引前来保护自己母鹿的公鹿，趁机猎杀公鹿。《黑龙江外记》有这样的记载：“以桦皮为角，吹做呦呦之声，呼鹿射之。”而“皮查翁”（狍哨）是用来模仿狍崽叫声的，母狍听到会误以为狍崽饥饿而跑来喂奶，猎人趁机猎杀。

吹鹿哨诱捕

知识链接 **鹿哨的吹奏方法** 嘴角斜对吹口，吸气或吹气发音，其音尖细而清亮，筒音常为f3~a3。吹奏比较省力，通过口形的变化和气息的控制，可以模拟鹿、犴在不同季节里发出的不同叫声，吸气发音是模仿鹿鸣，吹气发音是模仿犴叫。

守猎

守猎又称“蹲泡子”“蹲碱场”，这是利用鹿和犴等动物喜欢在夏季的夜间舔盐的习性，猎人埋伏在盐场的下风口，趁机射杀。冬天水獭等两栖动物会躲在有温泉的地方，偶尔会露出水面呼吸，神枪手也会抓住机会射杀。黄鼠狼、貉子、紫貂、熊这些动物喜欢在冬季躲进洞中御寒或冬眠，猎人用烟熏、挖洞、引逗等方法迫使猎物出洞趁机猎杀，这种方法叫“穴猎”。

▲ 蹲碱场

捕鱼

鄂伦春族主要以狩猎为主，闲暇时也会打鱼作为狩猎业的补充，他们捕鱼的方法也很多，叉鱼、拉毛钩钓鱼、挡鱼梁子，他们甚至用枪射鱼、用马尾或铁丝做成套子套鱼。鄂伦春人将打到的鱼晒成鱼干或盐渍起来储存以备不时之需。

叉鱼 ▶

采集

采集是一种重要的攫取经济。它是北方渔猎民族经济活动的重要内容。植物的生长开花结果体现着物候变化的周期，因而采集活动本身具有很强的季节性。因此只有依据物候特征及时地从事采集才有收获。鄂伦春人的采集一般在春夏秋三个季节。春天各种野菜生长旺盛，鲜嫩好吃，他们采摘植物的嫩芽、枝叶，如柳蒿芽、老山芹、蕨菜、旱葱等，随采随食，也做一些必要的储存。夏天鄂伦春人采集野花、枝叶，比如黄花菜；秋天可采集的东西比较多，8、9月份的时候都柿、稠李子、山葡萄、草莓果等果实都成熟了，还可挖掘野百合花根、红花根、野蒜等块根。采集蘑菇和木耳多在夏季的雨天后，在朽柞木上生长着许多野生木耳、柞树上长着猴头蘑，还有榆树蘑、桦树蘑、榛蘑等各种菌类，草甸子上也长有许多圈蘑。

◀ 挖山野菜

酿酒

我国北方采集、渔猎民族使用采集品的果实、根、茎和叶发酵酿酒的历史久远。以采集狩猎为生业的鄂伦春族“早期饮用的酒，是用都柿果自己酿制的”。野生都柿，鄂伦春语称“吉厄物”，秋天成熟，果实呈颗粒状，狍子最爱贪食都柿果，吃多了会醉倒，被猎人活捉。秋天，鄂伦春族妇女将都柿果采集下来，放在桦皮桶内盖好密封，埋到地下，待天冷时取出，不仅酸甜味美，酒的醇香味浓厚。

知识链接 **都柿** 有个现代人十分追捧的名字——“蓝莓”，意为蓝色的浆果之意。因为它具有较高的保健价值，可防止脑神经老化、强心、抗癌、软化血管、增强机体免疫等功能，所以蓝莓酱、蓝莓酒、蓝莓饮料几乎风靡世界。野生“蓝莓”是一种低灌木，果实中花青素含量很高，在 40 种具有抗氧化效力的蔬菜和水果中，蓝莓的花青素含量排名第一。都柿主要产在我国大兴安岭和小兴安岭林区尤其是大兴安岭中部，而且都是野生的，近几年才成功进行人工培植。

第二章 一段岁月 一段记忆

一段岁月静静地躺在历史的时光里让人时常想起，一段记忆深深地印在脑海中始终挥散不去。

在鄂伦春自治旗有一个很有名气的鄂伦春民族博物馆。在那里可以看到狩猎的艺术和使用了超过一个世纪的火石猎枪，还有展现鄂伦春民族定居前日常生活的模型布景。如今鄂伦春猎人的后代们早已开始了不同于父辈们的崭新生活，岁月的变迁改变了以往的生活方式，传统文化也在民族融合的历史潮流中渐渐消逝。然而，往事不远，一切可待追忆——清政府的“布特哈八旗”，沙俄的资源掠夺，日本鬼子的疯狂侵略，汉族人大量到来，下山定居成为农民，享受新中国优惠的民族政策……一切都在鄂伦春人的记忆里。

鄂伦春猎人

鄂伦春族的社会发展史其实就是社会变迁与文化沿革的历史。

鄂伦春民族历史上一直在内外大小兴安岭相对封闭的范围内游猎，人们在生产、生活中形成了自己独特的语言、狩猎方式、生活方式、服饰衣着、地域认同、价值观及穆昆、乌力楞的社会组织。清代的“路”“佐”制度及外兴安岭的划出致使鄂伦春的社会生活发生了巨大改变；中东铁路修建以后，俄国和日本侵略者对大兴安岭资源掠夺性的开采，使兴安岭资源遭到严重破坏；民国以后，随着先进步枪的普遍使用以及大批移民的涌入，对动物的过度捕猎给野生动物带来灭顶之灾；20世纪50年代中期对大小兴安岭原始森林的大量开采，造成原始森林的基本消失；近期农业的发展以及对林下资源的无节制开采，使森林面积锐减，进而森林生存的物种递减使得无猎可打。生态环境的变化致使与自然环境共荣共生的渔猎文化也濒临衰亡。

鄂伦春族原生态文化毫无疑问具有鲜明的本土意识，亲切又熟悉的自然环境滋生了他们民族强大的文化根系，鲜明的渔猎文化成为他们民族文化圈的标志。但是由于文化生态环境的相似，经济文化类型的相似，以及历史久远的文化传播与交流，加之民族现代化进程的脚步日益加快，在一个区域甚至更大区域范围社会的变迁改变了以往鄂伦春族比较封闭的生活状态，鄂伦春族的本土意识受到了传统文化及各民族文化的影响与渗透，他们长期以来不断吸收相邻相近民族以及历史上处于较高发展阶段的农耕民族和游牧民族通过小批渗透带来的文明成果，丰富、提升着自己本民族的文化，从这个意义上说，鄂伦春族的本土意识是一种站在本土的地域和文化立场上兼容陌生文化的“开放的本土意识”。

追溯几百年来鄂伦春狩猎文化与外族文化的互动历史，可以发现一条二者相互冲突、适应、融合的演进轨迹，而开放的本土意识让鄂伦春文化具有多元文化特征。从共时性研究角度，考察鄂伦春族社会文化变迁的外部环境，以及这种外部环境与鄂伦春族社会生活、民族生存、发展的影响，同时从历史性研究的角度，考察17世纪中叶以来狩猎文化与外界文化的互动关系，梳理鄂伦春文化演变的历史轨迹，目的是确保鄂伦春族传统文化在传承精髓与兼收并蓄中寻求创新发展。

清政府的“移民实边”政策

16世纪末，以努尔哈赤为首的女真建州部兴起，开始兼并东北邻近各部。经过努尔哈赤、皇太极的努力，至清崇德年间完成了对黑龙江地区各部的统一。

知识链接 **爱新觉罗·努尔哈赤**（1559.02.21—1626.09.30），明嘉靖三十八年（1559）出生于建州左卫苏克素护部赫图阿拉城。后金政权的建立者，为后金首位可汗。其子爱新觉罗·皇太极称清帝后追尊努尔哈赤为太祖高皇帝。

清朝以前，东北地区主要是少数民族聚居区。那时的流民状态主要是少数民族流向中原，虽然也有中原人口迁入东北，但大多数是发配到东北边地的“流人”，人数极少。流人中的文化人，虽然身处逆境，但仍是中原文化的传播者。他们在教育、文学、医学、史志著述等方面对东北区域的文化发展做出了重要贡献。

清朝前期与后期东北地区出现两次大规模的人口迁移，表现为人口的双向流动。前期是少数民族以征服者的身份进入中原，后期清政府对东北"封禁"的"解禁"，这是改变鄂伦春所处的社会环境的重要历史事件，它导致大批汉族人口以流民的形式自发地进入东北，改变了原来大小兴安岭地区人口的民族分布结构，汉族与少数民族、少数民族与少数民族之间"你中有我，我中有你"的杂居现象促进了民族及其文化的融合，增加了鄂伦春族的对外交往和文化同化。

知识链接 **封禁虚边和移民实边**

封禁虚边：清朝安定天下后，关内人口成倍增长，大量剩余劳动力想到适于开垦的关外谋生。从1688年起，康熙皇帝一再下诏对关外实行禁封，目的是垄断人参兽皮贸易，并想使当地成为清室亲贵的私产和退路。为阻止汉民北上，清廷在辽东还修筑了一道遍植柳树的边墙称作"柳条边"。

移民实边：是指从内地把大批人口充实边境，加强边防力量开发边郡的人口迁移。"封禁虚边"政策让沙皇俄国以无主荒地之由借英法军队侵华之机，逼迫危急中的清王朝签订《瑷珲条约》《北京条约》，正式承认那片土地改属俄国的既成事实。虚边失地的前车之覆，终成为后车之鉴，1860年清廷签约割地时，就批准了黑龙江将军特普钦要求对关内移民"解禁"的上奏。随后50年间，山东等地的移民"担担提篮，扶老携幼，或东出榆关，或东渡渤海，蜂拥蚁聚"，关东大地上人口迅速增至1800万。"移民实边"之功就此大书于史册之上。

布特哈八旗

清朝前期，清政府对西北、东北各少数民族的政策主要遵循"因俗而治""分而治之"的方针，即在承认民族地区特殊性，同时又防止对己产生不利因素的基本原则下建立不同类型的行政管理制度，从而确立中央政府的有效管辖权。布特哈八旗就是康熙八年（1669）清政府管理东北少数民族的一个行政设置。康熙二十二年（1683），清政府为加强对鄂伦春人的统治，将散居各地的鄂伦春人编入布特哈八旗，分为库玛尔、毕喇（拉）尔、多普（布）库尔河、阿里（力）河、托河五路。

《皇清职贡图》里的鄂伦春人

“布特哈”是满语“打牲”的意思，因此布特哈八旗又称“打牲部”。布特哈八旗按照八旗制度设置“佐领”作为它的基层单位，它以从事生产、对国家承担经济义务为主，同时也作为一种军事后备力量而编制训练居民。

被纳入布特哈八旗的鄂伦春族，在维护国家安全方面做出了不可磨灭的贡献。史书上记载了很多鄂伦春官兵征战的事例：八旗军队中的鄂伦春官兵曾多次直接参加反击沙俄侵略者的战斗，在收复雅克萨城之战中做出了贡献；乾隆三十四年（1769），清政府曾调鄂伦春官兵300人赴缅甸征战；乾隆五十六年（1791），鄂伦春士兵随同参赞大臣海兰察远征西藏和台湾；同治十三年（1874）库马尔路协领的公文记载，有将军富明阿奉命率鄂伦春500人，剿捕吉林马贼；光绪元年（1875）清政府作出规定，每年三月抽调鄂伦春500名男丁集中训练；1894年中日甲午战争，清政府从毕拉尔路调鄂伦春200多人参加战斗。

鄂伦春族被纳入布特哈八旗，使分散游猎的部落逐渐成为一个统一的整体，清政府在鄂伦春人中实行的路佐制包含着一整套要素，这些要素为鄂伦春人所接受，比如“佐领”这个官职即便在路佐制度被废除以后，仍在鄂伦春社会中延续，成为近代鄂伦

知识链接 **雅克萨之战** 早在清军入关的时候，沙俄就乘我国北方防务空虚之机，侵入到我国黑龙江流域，强占了雅克萨和尼布楚等地。清政府多次要求沙俄侵略者撤出中国领土，沙俄政府竟置之不理，反而增兵雅克萨，扩大侵略活动。1685年康熙帝决定用武力驱逐沙俄侵略者，中国军民在雅克萨进行了一场反对沙俄侵略的民族自卫战争，史称雅克萨之战。在大兴安岭军民的奋勇抗击下，沙俄被迫于康熙二十八年（1689）八月签订了中俄《尼布楚条约》。条约规定额尔古纳河以西属俄国，额尔古纳河以东属中国。此战的胜利，有力地制止了沙俄向黑龙江流域进行侵略的计划，维护了中国的国家主权。

春社会的有机组成部分。布特哈八旗，打开了鄂伦春族与外界交往的窗口，促进了鄂伦春族与内地紧密联系，从客观上起到了促进了本地区的发展，缩小与内地差距的作用。

与鄂伦春族同时被纳入布特哈八旗的还有鄂温克族和达斡尔族。在共同的征战中，本民族内部和其他兄弟民族之间的联系得到了加强。史书有这样的记载："有清一代摩凌阿鄂伦春人（马上鄂伦春人）征战东西南北，或战死疆场，或融入满族，或融入汉族。"

弃猎归农的失败与成功

"弃猎归农"是清政府实施移民实边政策之后针对当地从事狩猎的东北少数民族而制定的政策，其目的是"化其野蛮之俗，杜其向外之心"，"寓兵于农"，"抵御外患"。为此还制定了《生计地移垦章程》，拨出2万垧荒段作为鄂伦春人的生计地，令其5年内垦齐。曾发给"垦费、牛马、犁惧、木工等项，使尔结庐、栖止、兴垦、设学，启彼族数百年未开之茅塞，济鄂民永远之生计"。

在政策的引导以及大批移居汉人的率先垂范下，鄂伦春人也开始尝试耕种，他们向兄弟民族学习技术，使用传入的生产工具从事农业生产，于是在鄂伦春族中出现了农业的萌芽。《黑龙江志稿》记载了黑龙江将军文绪的奏文：“且该牲丁附近黑龙江城，多通汉语，亦颇有因捕猎日艰，讲习农事。”然而，由于鄂伦春族本身对农业知识的缺乏，粗放的耕作并不能保证辛苦一年能有好的收成，所以简单的尝试之后他们往往放弃土地重新回到山林狩猎，加上当时的自然生态环境还可以满足狩猎要求，更因为他们固有习俗的难以更改以及骨子里对山林的眷恋，所以当时单纯的、自然的、主动的、持续的土地开垦并没有成功，少数家庭在政府外力的影响下所从事的农业也大多采取汉族佃户代为开垦的方式，从这一角度来看，清政府的“弃猎归农”政策是失败的，但是从另外一个角度来看，它在一定程度上使得鄂伦春族能够或多或少地接受了一些与狩猎业不同的农业的一些基本知识，为今后的游猎生产向半农半牧、亦渔亦猎的生产方式转变奠定了基础。同时，大批汉人的迁入改变了东北人口结构，形成了鄂伦春人与汉人、达斡尔人、鄂温克等民族杂居的局面，这如同打开了鄂伦春族对外交往之门，文化传播与交流更为广泛和便捷，甚至各民族间的通婚现象也变得更为普遍，更重要的是大量的汉语、满语、蒙古语等词汇丰富了鄂伦春语言，使得经济交换，文化交流更为便捷。

耕种土地

“谙达”与商品经济的发展

以往鄂伦春族完全是自给自足的狩猎经济，衣食住行及日用品完全是就地取材。清政府对东北“封禁”的“解禁”政策使鄂伦春人有机会与周围的其他民族接触，社会经济特别是商品经济得到了发展，以往被动式的交换行为逐渐转变为经常性、主动性的交换，但是其原则依然是为满足生活需求而非盈利。尤其是负责为朝廷收取貂皮的“谙达”的出现，以及后来私商的到来，促使鄂伦春人开始用各种皮张和鹿茸、熊胆、麝香等药材与“谙达”换取一些生产、生活用品，至此鄂伦春族相对单一的社会环境局面发生了重大改变。商品交换丰富了鄂伦春人的物质生活，增添了以往所没有的米、面和布匹等生活用品，饮食习惯及穿着习惯都有了改变，生活趋于稳定。

貂皮

然而，这种经济交往最初并不是平等的，清政府的纳贡政策以及派“谙达”征收均采取勒索方式，鄂伦春人受尽了剥削与欺凌。“谙达”恣意掠夺剥削，以只能维持鄂伦春人最低限度生活的物品换取鄂伦春人的所有细毛皮张，榨取最大的利润。于是，原本朋友之意的“谙达”，在鄂伦春人眼里变成了“奸商”。历史上鄂伦春族多次发生了反抗“纳贡”和“谙达”盘剥的运动，鄂伦春族库马尔路代表人物烈钦太上书黑龙江将军文绪，建议：“领催甲兵一千名，每年各一貂皮交官。”烈钦太还聚集3000余人起来同“谙达”斗争，最终迫使清政府废除了谙达制度。

谙达与猎人交换

知识链接 **谙达** 满语意为朋友、伙伴。这里所谓的“谙达”是指清政府派到“雅发罕俄伦春”地区的“岁以征貂至其境”的税吏。

但是，对外交换的确促使鄂伦春分配制度以及观念形态发生改变，鄂伦春族文化开始由简单向多样性和复杂性发展，进一步结束了鄂伦春狩猎社会在一个封闭的荒境中单独演化历史。商品交换使鄂伦春地域经济融入了外界经济。同时鄂伦春人的各种毛皮和动物身上的名贵药材，越来越被外界经济所重视，需求量越来越大，价值也越来越高，使得鄂伦春族为交换而生产的成分越来越大。传统狩猎的底蕴有了质的变化，为文化变迁提供了土壤。

“黄金之路”

光绪十一年（1885）清政府筹备开发漠河“胭脂沟”的金矿，于是调派库玛尔路佐领台吉率鄂伦春马兵20名前引，动用千人重新开辟康熙年间留下的古驿道，由墨尔根直达漠河金厂。此后每年约10万两黄金从这条路运出，于是这条运金的漠嫩驿路被后人称为“黄金之路”。仅从驿路的规模和设置看，从嫩江到漠河的900公里“黄金之路”，共设30站，每个站的名称都沿用鄂伦春族的山川、河流而命名，每个站有站长、站丁数目不等，配备的牛、马、车辆等数目也多少不等。驿站内设有站房，供来往行人食宿。

丛林密布的兴安岭

知识链接 **“胭脂沟”的来历** 看过电视连续剧《闯关东》的人都不会忘记男主人公的那段淘金经历，那就是以漠河的胭脂沟金矿为背景编写的。

“胭脂沟”位于漠河县城西林吉镇北43公里，北极村南32公里处，是一片金矿遗址。原称老沟、老金沟，全长14公里，是额木尔河的一条支流。相传一百多年前，一个鄂伦春猎人在老沟河附近安葬死去的猎马，发现河水里有黄澄澄的金子。从此这里以盛产黄金闻名于世。

关于“胭脂沟”的得名有两种说法：

其一与慈禧太后有关。光绪十一年（1885）清政府开掘漠河金矿。金矿每年都向慈禧进贡一普特黄金，专门作为慈禧从国外购买胭脂的钱，老沟从此被称作“胭脂沟”。

其二与当时此地妓女众多有关。据史料记载，漠河老金沟在开采旺盛时期，工人超过10000人，妓院达30余家，有妓女约2000人。浓重的胭脂气使老金沟成为“胭脂沟”。时至今日这里还留有500多座连姓名都不知道的妓女坟。

“黄金之路”作为连接中原与东北边疆的重要交通线路，已经延伸至鄂伦春族生活的腹地，它彻底改变了鄂伦春族以往的相对隔绝、封闭的地理环境，为内地和边疆的经济文化交流搭建了一条便捷的通道，因兴起采金业，拉动了林业、商贸业、饮食服务业及江上航运业等领域的发展，辽宁、河北、河南、山东、山西人和俄罗斯人、日本人等，相继涌入大兴安岭地区从业，鄂伦春族与外族在文化的传播和各种信息的交流方面更

“黄金之路”上的马蹄声就像近在耳边

为广泛。可以说，自“黄金之路”开通之始，大兴安岭再也不是“历史幽静后院”，它一方面促进交通的不断发展，为鄂伦春人带来了文明与繁荣，但同时也对鄂伦春族传统的狩猎文化造成了严重的冲击。

知识链接 **中国历史上的幽静后院** 著名历史学家翦伯赞先生在《内蒙古访古》一文中这样描述大兴安岭：“假如呼伦贝尔草原在中国历史上是一个闹市，那么大兴安岭则是中国历史上的一个幽静的后院。重重叠叠的山岭和覆蔽着这些山岭的万古长青的丛密的原始森林，构成了天然的障壁，把这里的呼伦贝尔草原分开，使居住在这里的人民与世隔绝，在悠久的历史时期中，保持他们传统的古老的生活方式。”

鄂伦春族本土文化与外来文化相遇之初所显现的矛盾冲突显而易见，由于清政府鼓励汉族人出关垦殖土地，大量土地的开垦实际上侵占了鄂伦春人自由放牧马匹的土地，马匹往往不经意间啃噬了农民庄稼，鄂伦春人的猎狗也常常与农民的耕牛发生冲突，所以，当农民猎杀鄂伦春人马匹、猎狗时，鄂伦春人的反应是强烈的，因为马匹与猎狗是他们生产生活中重要工具，在他们心目中马匹、猎狗如同家人一般占据他们的情感。这种文化冲突只有在不断的磨合中，在相互理解、相互尊重的基础上才能够彻底解决。

总之，清代的边疆开发政策，加强了民族间经济、文化交流，促进了民族间的逐渐融合，推动了边疆地区的开发进程。但是由于移民人数的急剧增加和政策的导向作用，其开发者与被开发地区居民之间的利害关系也变得错综复杂，矛盾隐患必然存

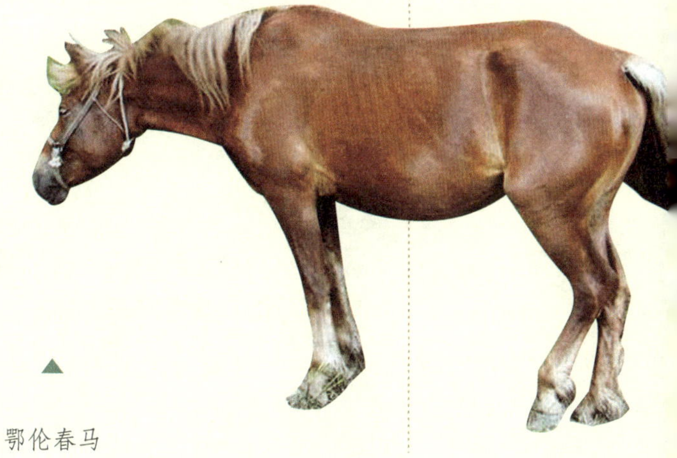

▲ 鄂伦春马

知识链接 **鄂伦春马** 性情温顺，步伐稳健，行动敏捷，在山地乘驮能力较好，持久力强。鄂伦春马由于长期生活在严寒的山区，对当地自然条件适应性很强。冬季-40℃～-50℃，可以在露天过夜。登山能力很强，能迅速攀登陡坡，穿林越沟，横跨倒木，均很灵敏。特别是冬季在深雪陡坡下山时，背负骑手，采取犬坐姿势，可一滑而下。夏季遇沼泽地，可跳踏塔头（在沼泽地生长的草墩子）而过，并能走独木桥。常能忍饥耐渴，有的狩猎一天，无饲料时，夜间拴在树下，次日可照常狩猎。冬季在深雪山放养，能趴雪采草，吃雪解渴。其合群性好，公马护群、母马护驹能力很强，能与野兽搏斗。

在冬春枯草季节，为了给马抓膘，鄂伦春人要给马喂新鲜肉或肉干，矮小的鄂伦春马吃了肉以后，毛管发亮，神采奕奕，爬山穿林就更有劲头了。

在，同时农业开发中盲目性和掠夺性的一面不断增长，也造成自然资源的浪费与破坏。

被侵略的痛

1931年“九一八”事变，日本侵占了东北地区，建立了“满洲国”。日本帝国主义的入侵，彻底打断了鄂伦春民族文化正常的发展进程。对鄂伦春族采取了“不开化其文化，持续其原始生活，不使其归农，当特殊民族实行隔离；构成其独立生活道路，排除其依存生活习惯”的政策。

资源被掠夺

1932年日军侵占了呼伦贝尔，并在博格图建立了日军军事基地，针对大兴安岭的原始森林资源进行疯狂的掠夺。沿嫩江上游大兴安岭各水系能放排的河流，对原始森林的参天古木进行砍伐。据鄂伦春人何青花回忆：“各条河流的岸边都留下了大半人高、粗粗的大树桩。四五棵大树绑成一个木排，有专人放排，顺流而下到嫩江下游被装上轮船运回日本。”后来随着越来越多伐木公司的进驻，日军又在齐奇岭建了机场。当时日本将本国贫困人口向中国迁移，号称“百万移民”。日本政府利用这些人对中国进行资源掠夺和占领。十几年的疯狂采伐，没有人知道有多少原始森林资源被破坏，被拿走。族人只见到不计其数的大树桩，血红的树脂溢满了锯口与桩身，像阴森的屠场。

强组山林队

日本人不仅利用部队保障他们的伐木公司正常运营，还威逼利诱鄂伦春人将所有18到45岁的鄂伦春男子编入“山林队”，为其充当炮灰，为他们狩猎、打仗，以达到他们“暂时利用，最后消灭”的目的。“山林队”的人受到了惨无人道的虐待。

经济被“统制”

日本人在经济上完全控制鄂伦春人。他们在鄂伦春的“乌力楞”设有日本的“满洲畜产株式会社”和“东蒙贸易公司”收购点，垄断收缴所有猎产品。日本人严令禁止猎民同“谙达”私下易物。对敢于进山的“谙达”，实行严厉的打击政策。一经发现，轻则惨遭毒打，重则以通匪论处，性命难保。因此，“谙达”绝迹，猎民的所有生产生活用品完全依赖畜产公司供给。可是不管交去多少猎物，从不给兑现足额的物品，多数记账。由于族人长期过着与世隔绝的山林生活，没有经济观念，又不识字，账目又由畜产公司一方掌握，许多猎民尽管交不少猎物，到后来却反欠畜产公司的账。有些猎民同他们理论几句，就会遭到他们的打骂。

鸦片的“配给制”

日本侵略东北之后，对鄂伦春族采取不开化其文化，维持其原始生活；不使其归农，并配给鸦片，怂其吸食。

鄂伦春人戈培国在他的回忆录中这样叙述：“他们（日本人）大量供应鸦片，每人熟烟20份，生烟每人每月一两以上。由于大部分鄂伦春人吸了鸦片，体质日衰，精神萎靡不振，影响了整个民族的生存和发展。”“后来（1938年），他们（日本人）在十八站山林队部设立了‘满洲畜产株式会社’，取消了鄂伦春族贸易的自由，规定一切山货皮毛，统由‘满畜会社’收买，不许自由买卖。‘满畜会社’依靠它的政治势力，强迫鄂伦春族人将猎物全部交出，换回不等价的粮食和日用品。”日本人还以鄂伦春人进行细菌试验，“有一天日本医生集合鄂伦春族小孩，往他们的血管里注射白色透明液体约两毫升。每人一次，没来的到宿舍里注射。都是15岁以下的鄂族男孩。大人则每人发黑色用纸包的丸药。到晚间所有的人呕吐、胸闷、呼吸困难，心难受，全身出现深黄疸，不到24小时，十八站队小孩及大人死了70多名。”

日伪统治的14年，鄂伦春族不仅农猎业经济遭到严重破坏，在疾病、毒品和烈性酒的毒害下，人口死亡率远远超过了出生率，到1945年光复时，黑龙江省的鄂伦春族仅剩1007人，比1934年的2400人减少1393人，比1938年的1912人减少905人，鄂伦春族处于濒临灭绝的境地。

与“抗联”联手抗日

鄂伦春人不甘忍受日本侵略者的蹂躏而奋起反抗，据日本特务机关相关材料记载：鄂伦春人经常下山毁铁路、炸桥梁、袭击日寇的库房。“不承认新设立的国家（指伪满洲国），经常出没在铁路沿线，而表现为匪行。”

东北“抗联”战士

1934年，鄂伦春人孟庆山、莫屯宝、陈宝、陈山、吴安甲、吴青山、关德生、吴纽纽等参加“东北救国军”，后正式成为“抗日北满第三军”。当时，在抗日联军北满三、六、九、十一军中，都有鄂伦春人，其中第六军中约有40人。鄂伦春群众也积极给抗日联军带路、送信、运送粮食，掩护抗联战士，帮助侦察敌情，配合抗日联军攻打敌人据点，袭击日本的“义和公司”，曾击毙日本小队长、指挥官等头目，使日本侵略者受到沉重打击，为保护边疆作做了巨大贡献。

知识链接 **东北抗日联军** 东北抗日联军是在中国共产党领导下的一支英雄部队。它的前身是东北抗日义勇军余部、东北反日游击队和东北人民革命军。是20世纪三四十年代中国人民抵抗日本帝国主义侵略的伟大民族解放战争的重要组成部分，在中国的革命史上有不可磨灭的伟大功绩。在日本侵略者的大后方，他们14年的艰苦斗争牵制了数十万日伪正规军，有力地支援了全国的抗日战争，他们可歌可泣、英勇无畏的牺牲精神，是中华民族争取独立宁死不屈精神的集中体现。

新生活　新发展

新民族政策

新中国成立后，中华人民共和国中央政府推行新的民族政策，积极引导和创造条件让鄂伦春族过上定居的生活，医疗卫生、文化教育等各方面条件都得到了极大的改善，鄂伦春人步入了安居乐业、人丁兴旺、逐渐富裕的新生活阶段。

由于游猎的居住条件和生活方式不利于人口兴旺和物质生活质量的改善，所以新中国成立后，中央政府就向鄂伦春族发出了实行定居的号召，经过宣传教育、定居点的选定，出资补助建村筑房等有效措施，在1953年，黑龙江省的鄂伦春族全部实现定居，全省在呼玛、黑河、逊克、嘉荫4县，建立9个鄂伦春新村，内蒙古境内的鄂伦春人在1957年全部实现定居，建立7个定居村。鄂伦春人终于结束了多少年来风餐露宿的游猎生活。从此，鄂伦春人从游猎生产变成了定猎生产，实行猎业、农业并举

政府为鄂伦春猎民修建的第一批定居新村

的多种经营的生产方式。相对于山下固定的居住点，猎民在进山狩猎时仍然建立就地取材便于移动的住房“仙人柱”。这种游居、定居参半生存状态一直持续到1996年全面禁猎为止。

定居生活使鄂伦春族结束孤立聚居的生活状态，开始与其他民族杂居或者与其他民族相邻聚居，进而开始了各民族通婚杂居的生活状态，使文化交流与相互往来更为密切。伴随着定居政策的落实，党和政府还出资帮助鄂伦春族在定居村建设学校、卫生所、文化馆、电影院以及公路等公共设施，还有计划地培养鄂伦春族干部，这一切政策和措施不仅提高了鄂伦春人的生活质量，还开阔了鄂伦春人的眼界，使鄂伦春族的传统文化有长足的进步与发展。

20世纪70年代鄂伦春孩子有了自己的学校

特别是医疗卫生事业的普及与发展，改变了鄂伦春人得病仅靠萨满、缺医少药的局面。党和政府组织巡回医疗队深入到鄂伦春人的狩猎点，宣传卫生知识，免费为他们治疗各种疾病，还培养鄂伦春自己的医护人员和助产士。针对鄂伦春人易患结核病的情况，建立鄂伦春结核病防治院，投入巨大人力、物力，彻底解决结核病对鄂伦春人的困扰。这一切不仅改善了鄂伦春人的生存状态，同时也带给鄂伦春人观念上的改变，比如生育观念的改变和妇女禁忌的解除，随着生产、生活环境和居住条件的改变，对妇女的禁忌已逐渐减少，甚至基本解除。

开发边疆与民族融合

从1955年开始，国家对大兴安岭这片绿色宝库进行了有计划有步骤的三次开发建设，即所谓“三进一出”。其中第一、二次开发时期为实验开发阶段，第三次开发为正式开发建设阶段。

1964年，遵照党中央、国务院和中央军委的指示，中国人民解放军铁道兵三、六、九师8万官兵进军会战大兴安岭。修建铁路792公里，桥梁124座，隧道14条，为开发林区、建设边疆做出了巨大的贡献。在大兴安岭开发建设用人之际，先后还有数万知识青年“上山下乡”来到大兴安岭，投身于开发建设会战大军的行列中。这些建设大军不仅为大兴安岭注入了新的生机和活力，也为鄂伦春族带来了先进的文化理念。多方面、多层次外来文化因子，无疑起到了文化示范、文化移植和文化渗透的作用，加速了他们文化的进步和发展。

知识链接 **铁道兵开发大兴安岭纪念碑** 铁道兵纪念碑建在加格达奇北山上。1988年7月落成。纪念碑由三个部分组成：主碑是两根特制的不锈钢轨；中部有一名铁道兵战士，由铁道兵兵徽相连接，象征着大兴安岭开发建设中铁道兵的光辉业绩；主碑前面是一头昂首挺胸的驯鹿雕像，象征着鄂伦春族对铁道兵的无私援助。纪念碑正面刻有“铁道兵开发大兴安岭纪念碑1964-1984”。

为铭记铁道兵的丰功伟绩，缅怀英勇献身的烈士，在加格达奇北山矗立着“铁道兵开发大兴安岭纪念碑”

在国家有计划地开始林业建设的初期，曾多次派森林调查大队深入大兴安岭林区进行森林调查，鄂伦春人成为他们最好的向导，当时曾流行这样一句话“十个指南针，赶不上一个鄂伦春”。当大兴安岭开发建设开始的时候，鄂伦春人用他们的马匹帮助建设大军运送帐篷、粮食等各种建设物资，甚至让出自己的房屋充当林业建设的办公用房，鄂伦春人以他们淳朴、热情、无私的精神融入大兴安岭开发建设中，赢得了广大汉族林业工人、解放军官兵的信任，同时来自四面八方的建设大军也为鄂伦春族带来了先进的文化理念、文明成果。首先汉语言文化在鄂伦春族中得到更为广泛的传播，这对鄂伦春族地区的语言文化产生了极大影响，鄂伦春族内会说汉语以及学习汉文的人数迅速增多，通用的鄂伦春语逐渐被汉语取代。随着鄂伦春族社会的发展，鄂伦春族与汉族的通婚越发普及，于是在鄂伦春族原有的十大姓基础上又涌现出了一系列的汉姓。鄂伦春人越来越广泛地使用汉语起名字，20世纪50年代以后出生的儿童大多取汉语名字。在生活习俗等方面也发生了很大变化，变革了同姓不通婚的风俗，扩大了通婚范围，这有助于人口的繁衍发展，在饮食和其他生活内容上也逐渐与汉族完全融为一体。

有学者这样分析，“因政府民族政策使猎民与移民存在族群分层，猎民居于有利的政治地位。但是在传统文化上猎民居于适应的劣势地位，而移民则具有文化适应的优势。二者不同的‘优势’‘劣势’，在现代化——猎民转产——发展的话语下，恰好形成某种互补”。

全面禁猎

1996年1月23日，鄂伦春自治旗召开禁猎动员大会，发布禁猎布告。从此，鄂伦春民族彻底告别了传统的狩猎业。

禁猎源于生态环境的恶化，但是这种环境恶化并非鄂伦春族长期狩猎造成的结果，而是大兴安岭开发过程中过于注重经济的发展速度，而忽略了对生态资源保护的结果。

1958—1988年的30年中，大、小兴安岭的开发一方面极大地促进了鄂伦春族地区的经济发展，为国家提供了大量木材，有力地支援了国家的经济建设。另一方面，大开发带来人口的剧增，对环境产生巨大的压力；产业结构不合理，以消耗自然资源为主的第一产业比重过大，森林资源锐减；伴随原生森林的消失，珍稀物种大量减少乃至濒临灭绝；工业污染加重、生态资源被破坏。人们开始反思不良生产方式对生物、环境以及人类自身造成的巨大危害。

1996年，为拯救珍贵、濒危野生动物，保护、发展和合理利用野生动物资源，维护大兴安岭的生态平衡，世代以狩猎为生的鄂伦春人怀着对大森林的无限眷恋和对国家政策的大力支持，告别了传统的狩猎业，放下猎枪，开始谋求新的生产生活方式。他们开始从事农业生产，但是由于猎民没有生产资料的原始积累，缺乏从事农业生产的农耕经验，加上国家实施“天保工程”，为恢复生态而退耕还林，所以鄂伦春族在放弃传统渔猎生活方式之后，并没有完全走上现代化农业产业之路。党和政府制定了一系列帮扶政策，比如制定了种植业和养殖业共同发展，经营多元化的猎区发展方针。设立了“猎民生活生产发展基金”，以补贴，贴息、借贷等形式保障猎民在生产发展中所需资金。除此之外，国家还实施了一些具体的扶持方式，如：每月给交了枪的猎民发放70元的禁猎补助；鄂伦春族学生考入大、中专院校的，享受学费补助，并获得由自治旗提供的奖学金，猎民子女的学费享受100%报销，父母一方有工作的也能享受50%的报销；为猎民提供

鄂伦春新一代

免费医疗；确定每位鄂伦春男性猎民作为义务护林员享受护林员工资等等。目前鄂伦春族中的大多数是依靠国家优惠的扶持政策生活，“禁猎”以后接续性产业还在探索之中。

知识链接 **天保工程** 即天然林资源保护工程，简称天保工程。在我国，主要在长江上游、黄河上中游实施天然林资源保护工程，以及东北、内蒙古等重点国有林区实施天然林资源保护工程。该工程旨在通过天然林禁伐和大幅减少商品木材产量，有计划分流安置林区职工等措施，主要解决我国天然林的休养生息和恢复发展问题。

然而由于完全脱离了传统的渔猎生活方式，伴随生活生产方式而生的传统文化也随之断裂，处于濒临衰亡的边缘。

科技经济新浪潮

改革开放开启了中华民族走向世界的新时代，也同样为中华民族大家庭中的每一位成员带来了发展的契机。首先，大量先进科技传媒手段的不断引入与迅速普及，为鄂伦春族打开了一扇看世界之窗，随之涌入的各种新文化、新思潮强烈地冲击着鄂伦春族人民长期以来旧有的文化观念，引导他们以一种全新的视角去重新观察审视身边的世界，选择评价自己的文化价值取向。其次，经济交流的增多也极大地刺激了鄂伦春族自身发展经济的需求，一方面带动了鄂伦春族的文化主动向经济上占优势的主流文化的融合，另一方面也使鄂伦春族逐渐认识到自身的文化特色在经济领域中所拥有的独特价值空间，从而为鄂伦春族渔猎文化的传承与发扬提供了经济动力的支撑。

改革开放以来，随着市场经济的发展，鄂伦春族人民不断更新观念，充分利用党的民族政策，在党和当地政府的大力扶持下，鄂乡的经济和社会各项事业产生了新的飞跃。“以农为主、多种经营、全面发展”的民族经济得到全面发展，他们利用丰富的资源优势，积极发展养殖业，养绒山羊，办养鹿场等。发展民族特色经济，制作桦树皮工艺品，创办商业、旅游业，人民生活水平逐年提高。电话、电脑等现代化、信息化工具为鄂伦春人了解世界、让世界了解鄂乡打开了窗口。

纵观新中国成立以来鄂伦春族的现代化进程，党和政府的民

族政策对民族文化交流起了积极的推动和促进作用，中华文化对鄂伦春族传统文化影响巨大而深刻。当然，中华民族文化这种强势文化对作为弱势文化的鄂伦春民族文化的引导和扶植作用，是建立在充分尊重小民族的文化自主权的基础上的，不是文化霸权主义的产物，是在一系列严格规范的民族政策的指导下进行的。就鄂伦春族方面来说，则基本上是采取了主动向作为中华文化主流的汉文化靠拢和认同的态度。因此这种民族文化的交流是非常理性、积极和顺利的。鄂伦春族采取向主流文化主动适应、利用的态度，“这既是指对于他们文化的自觉，是一种被生活和保护着的价值。文化自觉的真正含义就是，不同的民族要求在世界文化秩序中得到自己的空间”。

▲

制作桦皮工艺品

第三章 一个民族 一种风俗

同一片蓝天白云之下的世界是五彩缤纷、绚丽多姿的，各据一方水土的民风是千差万别、各具特色的，正所谓“百里不同风，千里不同俗”，于是才有了此地对彼地的向往，有了此族群对彼族群的好奇。旅游因此而盛行，文化因此而传播。

时代的进步加速着移风易俗的脚步，但是那些特定社会文化区域内历代人们共同遵守的行为模式或规范依旧留在民俗著述中，叠印在人们的记忆里。

请在这一章节里跟随我去了解鄂伦春族的人生礼仪、婚丧嫁娶、饮食居住、服饰艺术、节日庆典等习俗，去认知一个独具特色的民族习俗。

每一个民族、一个国家或者一个地域，都有不同于其他民族、国家和地域的风俗，事实上这种风俗的独特性是一个民族、国家和地域的文化标志。时间的推移和空间的差异，带给风俗以丰富的内容和色彩斑斓的形式。风俗是对时尚的沉淀和积累。时代的变迁也是移风易俗的过程，那些被称为时尚的东西，如果能持久地普遍地存在于我们的生活中，就会形成我们新的风俗。鄂伦春族在漫长的社会发展过程中，形成了与生态环境相适应的具有民族特点的服饰、饮食、婚丧、节庆、礼节等传统习俗，具有鲜明的山林色彩。

新生命的降临

青年男女婚配之后就可能面临神圣又神秘的人类繁衍大事。不同地域、不同民族的人们生育习俗不尽相同，它反映了自然环境、人文环境、社会发展、民族心理以及文化素质的一个侧面。鄂伦春族是典型的游猎民族，他们世世代代以山林为家，从事游猎生产，高寒地域的自然、社会、历史条件孕育了鄂伦春族独特的生育习俗。

乌米拉任——祈子仪式

比较恶劣的生存环境、寒冷的气候以及出没的野兽都对生命的存在构成威胁，所以鄂伦春族盼望人口增长、族群壮大的愿望十分强烈。他们希望通过早婚来早日得到下一代，所以鄂伦春男孩女孩大约十五六岁就可以成亲了。然而寒冷导致了人的性成熟普遍比较晚，鄂伦春女孩一般都在15岁以后才来月经，所以并非结婚后就能孕育，往往婚后两三年才可能怀孕。伴随着人丁兴旺、子孙繁衍的愿望，乌米拉任——祈子仪式十分盛行，仪

关桃芳的桦树皮画《幸福一家》

式比较简单，准备一些供品放在“阿木轰妈妈”神位前，萨满请神祈祷，表示祈求孩子的愿望，之后夫妇向神位叩头致谢。

知识链接 **阿木轰妈妈** 鄂伦春族的生育神。传说“阿木轰妈妈”全身长满乳房，天堂所有的孩子都吃她的乳汁长大，她是所有孩子的母亲。鄂伦春人祈子要通过萨满与生育神“阿木轰妈妈”沟通，“阿木轰妈妈”接受请求就会从众多的孩子中任意挑选一个，狠狠心，用巴掌拍打孩子的屁股，让他降生到人间。据传“阿木轰妈妈”还会判断出孩子在来人间的途中会遇到什么障碍，传授他一些方法使他能够顺利来到人间母亲的怀抱中。

产房“亚塔柱”与生育禁忌

人类早期生育文化既包含着对生命的膜拜，对超自然力量的敬畏，同时也对生育行为本身充满蔑视和不齿，视为不祥、不洁之事。艰辛与不测的生育过程本身就是神秘而又充满恐惧的，对于信奉神灵的鄂伦春民族而言，将有限的生育知识与神灵相关联也不难理解，他们唯恐因此冲撞了神灵而得不到神的保佑，因而他们衍生出许多生育禁忌，以此来表达对神的敬畏，祈祷神灵来保佑。

▲

鄂伦春“仙人柱”

鄂伦春人的“仙人柱”中都供奉着神像，所以生孩子这样的事是不允许在“仙人柱”中进行的，他们会在距离家中“仙人柱”七八十米的地方为产妇搭建一个简易的产房“亚塔柱”，亦称“恩科那力柱哈罕”（有摇篮的小屋子）。里面铺上草或者皮褥子作为保暖措施，当然熊皮除外，因为鄂伦春族视熊为图腾。因为怕触犯火神，产房内也很少生火，如果夏天生孩子这可能不成问题，但是寒冬腊月里刺骨的寒风对于产妇和孩子绝对是一道难关，这真的要靠天佑了。“亚塔柱”内除了悬挂助产神“奥克楚克神”像以外，没有其他任何神像。

生过孩子的鄂伦春妇女会帮助产妇接生，如胎位不正，助产妇便把胎儿头向正确的方向转移，胎盘不下来时，就把烫过的热沙子口袋放在产妇的腹部。婴儿出生时，脐带约留3厘米，用剪早期鄂伦春人的产房“亚塔柱”

子剪断，用兽筋线结扎。冬季产下的婴儿用雪搓过以后再用狍皮包起来。

小米粥和面片是产妇生产后的主要饮食，产后五六天可以开始食用肉类，一般都由家中其他女人做好送到“亚塔柱”内，如果是男人给妻子来送饭，就只能用木棍挑进去，因为鄂伦春人忌讳男人接触产妇，自己的丈夫也不例外。禁忌男人入产房，一是怕产妇不洁，恐对男人形成威胁；二是，男属阳，女属阴，分娩时女阴虚弱，难与男子阳盛相抗衡，恐男子进入产房后对产妇母子不利。除此之外，也还有男女易避忌、产期内禁忌房事等顾忌的因素存在。

一般产妇要在满月后才能搬回“仙人柱”，而且生产时穿的衣服和婴儿用过的器皿必须烟熏后才能搬进“仙人柱”。

除此之外，鄂伦春族还有一些生育禁忌：产妇在一个月之内不能吃用来祭祀的兽头和动物心脏，否则就是对神的不尊敬；孕妇不能去办丧事的人家，不能走抬过死人的路，否则生下的孩子会死去；孕妇不能进产房，进了产房产妇会难产；孕妇不许骑马，否则马匹会生病和死掉，等等。这些禁忌一方面存在着对妇女的歧视和偏见，是女人地位低下的表现，另一方面也是当时生产力低下，人们认识问题的局限而造成的。鄂伦春人定居以后，随着生产、生活环境和居住条件的改变，对妇女的禁忌已基本解除。

育儿摇篮“恩莫克”

斜挎在母亲身上的“恩莫克”

鄂伦春族把婴儿摇篮称作“恩莫克”，它不同于汉族放在床上摇晃的婴儿摇车，也不同于达斡尔族挂在房梁上的婴儿悠车，“恩莫克”可以像挎包一样斜挎在母亲身上。

鄂伦春族最初的摇篮是用皮绳穿系柳树条而成的，形若帘，两端钉系带。先用兽皮把婴儿包裹好，置于帘上，两端系带相对系牢。后来改用桦树皮缝制摇篮，呈胳膊肘形大约46度角。孩子出生后，装在狍皮口袋中放入早已准备好的摇篮里。妇女出门也随身携带摇篮，骑马时也可以身挎摇篮，任凭马儿奔跑，即便是钻密林，孩子也不会掉下，更不会碰伤。孩子饿了母亲将摇篮转到胸前喂奶。到了宿营地，在没有搭起“仙人柱”时，一般先将装孩子的摇篮挂在树上。

鄂伦春摇篮

鄂伦春人特别重视摇篮的装饰。在摇篮婴儿头部两侧分别挂两个木刻的小动物偶像，一个是小鸟，一个是小老鼠，刻画得逼真可爱。据说叽叽喳喳的小鸟可以使婴儿不得耳病，孩子能像小鸟一样展翅飞翔，健康成长；小老鼠能使婴儿头脑发达，像小老鼠一样伶俐、活泼。此外摇篮的周围还挂有鸡骨、鱼骨、小犴蹄子等挂饰。当婴儿啼哭时即摇晃摇篮，这些挂饰互相摩擦、撞击，发出悦耳的声音，随着明快的节奏婴儿便会慢慢睡着。有时摇篮上还挂有猞猁鼻子或狐狸鼻子，据说这样孩子的鼻子就会通气好使，长大后嗅觉灵敏。有的时候摇篮的头顶部还挂上用黑布做成的小人偶像——护身符。护身符一大一小，他们的腰上缠有红布，以象征吉利。孩子出生后的一年里，都是在摇篮中生活的，一周岁后才出摇篮开始走路，但睡觉还是在摇篮里。摇篮育儿的习俗一直保持到定居以后的一段时间，那时每个鄂伦春族婴儿都在摇篮中长大。

“波别咧”

过去，当孩子生病或受到惊吓时多举行招魂仪式，鄂伦春语称之为“波别咧”。儿童轻度惊吓，只口头“叨咕”几声即可。而对重度惊吓者，要请年纪较大的妇女来招魂。要准备一根红布条，系上铃铛，或用小孩的衣服、帽子，一边在孩子眼前摇来摇去，一边哼唱“波别咧”歌。

“波别咧”的曲调温柔、动听，歌词即兴发挥。唱时歌声由小变大，由悲伤到兴奋。唱“波别咧”时，一般是一至两人，一人主唱，另一人伴唱。为了防止再受惊吓，大人们用桦树皮缝成“咔它”（指皮盒），把红布条与小铃铛装在“咔它”里，缝在孩子衣服后背。当孩子跑起时，铃铛就会发出“叮当”“叮当”的响声，一直伴随着孩子。

知识链接　呼玛河流域流传的“波别咧”歌

甲：波咧，波咧，波咧，　乙：波别咧，波别咧。
甲：你的父母在招你的灵魂，　乙：波别咧，波别咧。
甲：千万不要往西走，　乙：波别咧，波别咧。
甲：小心神鬼把你抱走，　乙：波别咧，波别咧。
甲：你父母在家中的神位上寻找你呀，　乙：波别咧，波别咧。
甲：波咧，波咧，波咧，　乙：波别咧，波别咧。
甲：千万不要到黑暗的阴间去，　乙：波别咧，波别咧。
甲：赶快回到你父母的怀抱，　乙：波别咧，波别咧。
甲：千万别错过刚升起的太阳，　乙：波别咧，波别咧。
甲：你看见阳光就快步跑过来。　乙：波别咧，波别咧。

给孩子命名

生活在莽莽的大森林里的鄂伦春人起名比较随意，有的用动植物命名，还有一些按照自己的愿望给孩子命名。女孩子的名大多是

知识链接 鄂伦春族名字的寓意

以某一特征取名
浓突汗（小个子）
帮地仁（皮肤很白）
跑伦（矮胖）
奇克图（又瘦又高）
绰布绰克（尖嘴巴）

以吉祥之意取名
霍岔布（富裕）
代苏荣（骄儿）
玛努彦（劳动能手）
乌热松（聪明）

以本人性格取名
安布伦（安静）
钦巴（泼辣）
博思巴（笨）
吉若（古怪）

以动物、植物取名
蒙坤保（小鱼）
其那哈（小鸟）
岔班莫（白桦树）
乌拉仁银嘎（红色的花）

以情感和希望取名
伊嘎布（思念）
莫日根（打猎能手）

山花、小草、喜鹊、小兔子等，男孩子一般多以打猎能手、石头、白桦树、老虎等为名，如：莫日根、查班莫等。起名字的时候兄弟姐妹之间没有什么排列顺序，不管起什么名字，前面都不加姓，在鄂伦春人看来名字和姓没有什么关系，姓属于氏族的，名才是自己的。小孩出生以后，一般都有爱称或乳名，男孩多叫“诺诺”或“乌克汗”，女孩叫“乌娜吉”或“乌娜吉汗”。现在鄂伦春族基本都起汉语名字。

鄂伦春族孩子的命名通常由祖父或外祖父来完成，也有父母亲自己命名的。命名时一般不举行什么仪式，但是，若孩子遇到了不幸，往往给孩子改名，这样的孩子就会得到全氏族的爱护。此外，若孩子一生下来就体弱多病，那么常常起一些不好听的名，如：“牙答汗”，意为“小瘦子”，起这样的名被认为好养活、不生病。又如“鸡黑么”，意为“小破烂儿”，就是指孩子一点也不讨人喜欢，该扔掉了，可是期望的正相反。另外，倘若孩子生下来就聪明伶俐，父母亲反而

童趣

身着民族服饰的鄂伦春族儿童

会很担心，认为这个孩子太聪明活不长。倘若他的寿命长则意味着父母亲或兄弟姐妹的寿命短，于是，常常给这样的孩子认一个干兄弟或干姐妹，再认干妈、干爸，这样做的目的是为了消灾。

结百年之好

男婚女嫁是人类社会一种特殊的文化现象。人类的婚姻存在形式以及结合方式始终受到人类社会环境的影响，不同时代和地区的社会环境，造就了多样的婚姻模式以及结合方式。鄂伦春族极具民族特色的婚姻习俗就是地域意识、环境特征意识、文化传统意识的积淀以及其他民族文化影响和渗透的结果。

古老的婚俗传说

对于鄂伦春这样一个仅有语言而没有文字的民族来说，追溯其婚姻的发展演变历程、描述其婚俗的沿革脉络并不是一件容易的事，尤其是伴随着现代化的进程，大批民俗事象正在以超乎我们想象的速度消失或变异，但是，对民间传说故事的收集整理以及民俗学家描述民俗的工作，为我们梳理鄂伦春婚姻习俗，探讨其发展脉络提供了依据。

传说故事是世代流传的民间口头叙事，故事所述荒唐之言虽多，自然不能当真，它与旨在记载史实的历史著作不可同日而语。但故事既然也是在历史中形成的，是浪迹于历史中的人们所讲述的，就不可避免地会留下历史痕迹，向后人传达出人情世故的变迁。

鄂伦春族的传说故事《九姓人的来历》讲述："……大水淹没了所有的山坡和平地，地上只剩下一男一女……"然后这

▲

鄂伦春传统婚礼

对男女结为夫妻，生下众多儿女。儿女长大后，姐弟或兄妹结为夫妻，分散到不同的地方，成为姓氏的始祖。这种姐弟婚的母题保留了鄂伦春人对血缘婚的记忆。而年代较晚的《五姓人的传说》却消除了血缘婚情节："逃过洪水劫难之后，仅余一男一女，结为夫妻，生下儿子，没有女儿，后分散各地成家立业，成为不同姓氏"，这里无疑有着较晚时期婚姻观念的强大影响，反映了从远方的部落氏族迎娶未婚妻的族外婚的婚姻状态。

在鄂伦春族众多的婚俗传说中，还有许多人与动物婚配的情节，如《雁姑娘》中大雁姑娘与猎人结为伉俪；《大水的故事》中白兔姑娘与猎人成亲；《恩情》中梅花鹿姑娘嫁给猎人。这其实反映了鄂伦春族鸟、兽图腾崇拜的特征。

从鄂伦春的婚俗传说中我们了解到，鄂伦春族同其他民族一样，经历了血缘婚、对偶婚、抢婚、自愿婚、招夫婚、童养婚、试验婚（正式结婚前先同居一段）等一系列婚姻形式，这反映了他们对婚姻的认知过程。

婚姻制度

从对偶婚形式过渡到一夫一妻制时，鄂伦春族祖先就留下了严格的"规矩"，它相当于我们今天的婚姻制度：

1. 氏族内部或辈分不等的男女不能通婚。

2. 父母包办婚姻，可指腹为婚。逃婚和私奔被认为是大逆不道。

3. 允许从表婚，即堂姑母、堂舅父的兄弟姐妹间结婚。

4. 有女无儿家庭可以招养老女婿，免收彩礼。

5. 哥哥去世，弟弟可娶嫂为妻；但是弟弟去世，哥哥不准娶弟媳。

6. 严惩通奸行为。

7. 一般不准许离婚，若非离不可，所生男孩由男方抚养，女孩经男方同意可随母亲。财产分配上有严格规定。男方提出离婚的，家产平均分配，女方提出离婚，不仅不分家产，陪嫁也不准带走。若因女方过失而离婚的，女方还要退还彩礼。

8. 丈夫去世，孀妇不满20岁可以再嫁。若婆家不同意，娘家可联合新许配的男方家人抢婚，并以马匹作为对原婆家的赔偿。若孀妇已有男孩一般不准再嫁，若嫁也要等到把男孩抚养长大之后。

20世纪20年代以前的鄂伦春族基本上是遵循上述的旧式婚俗，至20年代以后逐渐出现“文明结婚”，再至新中国成立后形成了现代婚俗，父母包办婚姻已被自由恋爱所取代，异族通婚越来越普遍，其礼仪程序逐渐简化，封建色彩日益淡化，婚嫁形式趋向文明。

婚姻结缔的程序

求婚“玛日那任” 鄂伦春族男孩到十五六岁，女孩到十四五岁，家里就要为他们张罗婚事。女方家选女婿要选好猎手，女

> 知识链接 **上山事件** 是一起集体抗婚事件。讲述“上山事件”的老人说：“鄂伦春姑娘不怕干活苦，好比那经霜的叶子抗冻的根，就怕包办婚姻夺去心上人。”
>
> 热恋的青年男女不能结婚是件痛苦的事，若不想任人摆布除了自杀就是逃跑。各种抗婚事件，在各地鄂伦春中都发生过。
>
> 1928年在黑龙江省呼玛地区，8个鄂伦春猎手反抗包办婚姻，带着心爱的人一起逃进深山，一个女孩被家人看住没逃出去，所以上山的只有15人，他们在山上生活了30天，自由了30天，后来被抓回全部杀掉了。这是一件令人心痛的悲剧。

儿嫁过去不会缺吃少穿，男方家则选择勤劳、贤惠的姑娘做儿媳。鄂伦春人门第观念较淡薄，只要对方人品好、身体健康，亲事一般都能成。

▲

冬季婚礼

除了指腹为婚或定娃娃亲之外都要请人说媒。媒人一般都是男方的亲属或朋友，并且对女方家也比较熟悉，多是能说会道、能办事的中年妇女。男方看中某家的姑娘后，就请媒人带着酒肉到女方家求亲，媒人唱求亲歌，大意是："我无事不登三宝殿，今日求亲到面前，你家有个千金女，我家有个好儿男。你家姑娘似花朵，我家儿子更好看，两家成亲天作美，保证幸福又美满……"按照惯例，在求亲过程中，女方家不能马上答应亲事，双方都先说些客套话，女方常以女儿还小推脱。然后女方家需要了解小伙子的人品，是不是好猎手，还要征求叔伯、舅舅等亲属的意见，这样一般反复两三次才能确定下来。如果女方的父母同意了这门亲事，喝了媒人的酒，求婚就算成功了。三次求婚不成，此事不再提。

认亲"参突拉日恩" 求婚成功后，会举行认亲仪式，小伙子会在母亲或婶婶以及媒人和其他亲友的陪同下，带着好酒好肉，去女方家摆酒席，宴请女方亲属。席间小伙子要向女方的长辈（不包括女方父母）敬酒磕头。从认亲当天起，小伙子要穿上用黑皮子镶边，肩头与背部都绣有云纹的新装，女方也精心打扮，修鬓角、眼眉，头发梳成两条辫子，缠在头上，这是他们定亲的标志。如果认亲时男女双方已经成年，准许当天同房。

过彩礼"突日依" 定亲之后，男方会择日请女方前来挑选猎马作为彩礼。女方视男方家境好坏而选择索要母马的数量，

知识链接 **鄂伦春媒人唱的《求亲歌》** 鄂伦春媒人替男方到女方家提亲时要唱《求亲歌》，大意是："我无事不登三宝殿，今日求亲到面前，你家有个千金女，我家有个好儿男。你家奴娘似花朵，我家儿子更好看，两家成亲天作美，保证幸福又美满……"

拜父母

少则一两匹，多则四五匹。男方同时还会赠送半头野猪，意思是姑娘是妈妈们身上掉下来的肉，割舍之情也伤身，吃点野猪肉补补身体。白酒、衣物等也是彩礼的一部分。过彩礼时女方家也会摆筵席，招待亲家，并商定结婚日期及相关事宜。过彩礼的当日，小伙子要拜认岳父母，敬酒磕头。这一日小伙子与姑娘可以再次同房，有的小伙子至此就住在姑娘家，帮助女方家打猎，直到孩子出生或婚礼之前。

传统婚礼“乌也任”

婚礼一般择农历双日举行，为的是讨个成双成对的吉利。男方会提前十几天就开始筹备，将做新房的“仙人柱”布置一新，用上百条狍腿皮拼对出美丽花纹的褥子铺床，狍皮被上绣有云纹。为新郎新制皮袍并染成黄色，衣襟、袖口镶上薄皮边，开衩处绣上花纹，新郎的狍头帽顶要悬挂貂尾和四条彩带。女方家也会精心为女儿准备皮褥皮被，新娘的皮袍除了也染成黄色外，彩色线绣出的花纹图案更加精美，头饰、肩饰、脖饰及彩色绸缎腰

知识链接 **南绰罗花纹** 南绰罗花即兴安杜鹃，其花纹极美，是鄂伦春人最喜爱的花，常刻制在桦树皮器物上，用来比喻鄂伦春姑娘的美丽，象征纯洁美好的爱情。鄂伦春谚语说：“孤男身边有了南绰罗花，心里就不会感到孤单。”如果一个鄂伦春小伙子随身携带刻着南绰罗花的桦树皮烟荷包，一定是有爱情陪伴着他。

带也少不了，冬季还要为新娘准备狐狸皮或猞猁皮的帽子。重要的陪嫁是制作考究的桦皮箱，这个由红、黄、黑三色组成的桦皮箱鄂伦春语叫“阿达玛拉”，有长方形和椭圆形两种，箱盖中央刻“南绰罗”花纹，象征夫妻相伴，团结美满。箱盖边沿和箱子四周刻有“奎热格因”图案，它代表着娘家对女儿的告诫：出嫁的女子要忠于丈夫，不能随便超越规范。

鄂伦春新娘陪嫁

迎新是婚礼的第一步，新郎的兄弟姐妹及平辈的年轻人会组成一支马队，浩浩荡荡赶往新娘家，途中会遇到新娘家的送亲马队，两队汇合策马扬鞭奔向新娘家，犹如一场激烈的赛马比赛。接到新娘后迎亲队伍与送亲队伍会一起返回新郎家。送亲代表和迎亲代表还会开始对唱，送亲者唱道：“山路弯弯不好走，亭亭玉立的姑娘你们求。这么长时间我们养育了她，这么

围着篝火跳起“罕贝舞”

用同一桦皮碗吃黏饭

远的路程我们来送她，还是让我们这些骨肉至亲，送她去见公婆吧！”迎亲者回应道：“白桦要有青松配，心灵手巧的姑娘要有英俊能干的猎手娶。今后我们也是她的骨肉至亲，请你们让他们夫妻早日相聚。”

就这样两队人马簇拥着新郎新娘赛马般到达新郎家，迎新和送亲队伍中各选一个女人挽着新娘送入新房。

天气暖和会在外面点燃篝火举行婚礼，冬季则在“仙人柱”中举行。新郎新娘拜天地，如果此时他们已经有了小孩，就将摇篮中的孩子放在新郎新娘中间。主持婚礼的老人开始唱祝福歌，大意是：祝新郎新娘美满幸福，白头偕老，互敬互爱，早生贵

知识链接 **“赞达仁”和“罕贝舞”**

“赞达仁”是鄂伦春族在狩猎生产过程中经过千锤百炼而创作出来的结构简单表现力却很丰富的民歌演唱形式。当猎人在寂静的山林中追捕猎物终于满载而归的时候，猎人常常会放开歌喉表达内心的幸福和满足，所以就有了鄂伦春人“马背左边挂箭筒，马背右边驮歌篓”的说法。“赞达仁”的内容有狩猎歌、情歌、酒歌、摇篮曲等，从节拍节奏上可分为山歌类和小调类，其曲调建立在中国五声调式的基础上。

“罕贝舞”是鄂伦春族的一种民间集体娱乐舞蹈，它源于鄂伦春妻子盼望丈夫狩猎归来的故事，所以舞蹈中有双手交替举过额目眺望的基本动作。后经过加工，“罕贝舞”有了伴歌，增加了鼓点，添加了口弦琴。逢年过节，喜庆佳日，不管男女老少，都会穿上节日的盛装，纷纷聚在一起，围着篝火集体跳罕贝舞。

子。祝福小夫妻多打猎物，勤俭持家，孝敬双方老人。新郎新娘要向亲人一一敬酒，“打千”行礼。大家尽情品尝美味佳肴，畅饮甘醇喜酒。兴致高涨的时候大家会唱起悠扬的“赞达仁（鄂伦春族民歌）”，手拉手围绕篝火跳起“罕贝舞”，热烈的场面一直持续到深夜。

同吃“老考贴” 入夜，新郎新娘用一双筷子、同一个桦皮碗吃“老考贴”（黏饭），表示心贴在一起，如胶似漆、互恩互爱、同甘共苦、永不分离。

次日清晨，新郎新娘要向初升的太阳磕头，祈求太阳给他们温暖，给他们幸福。早餐后女方的送亲队伍返回。

知识链接 **“老考贴”** 即黏饭。这也是鄂伦春族一种传统的饮食。其做法是将小米或黄米、稷子米淘好后放入锅里煮，待煮熟后用铁勺把米粒捣碎，使之黏稠，吃时再拌入切碎的熟肉。

丧葬习俗

人从哪里来，又将到哪里去，这始终是一个萦绕于人类心头的困惑。在人类早期，由于认识能力的低下，科技的不发达，使得人们对很多自然现象不能做出科学的解释，因而产生各种各样的猜想。“灵魂不灭”构成了鄂伦春人丧葬观念的核心，他们认为人活着的时候，灵魂与肉体同在，人死只不过是躯体的死亡，而灵魂会到另外一个世界继续存在，它依然关乎“活人”的吉凶祸福。因而鄂伦春人十分重视死者的安置、亡灵的安抚、守孝的禁忌等事项。由社会形态和生产力水平所决定的传统丧葬习俗是鄂伦春族的伦理道德、宗教观念及家族意识的反映，也构成了一道独特的文化景观，成为人们探寻远古生活的标本。

鄂伦春送葬仪式

告别亡灵

当死者刚刚咽气的时候，家人是不能放声大哭的，因为灵魂刚刚脱离肉体前往另一世界，哭声会惊扰灵魂让它平添许多牵挂。这时人们首先要做的是请年长的人为死者用清水或干净的雪水净身，再为死者穿上寿衣，嘴里会念叨“我们给你穿衣服，别惊动他人，别给家人带来灾难”。皮质的寿衣一定要去除兽毛，以便死者在另外的世界继续做人而不变成野兽。穿好寿衣之后将死者头朝北脚朝南安放在木板或草垫上，用布或纸覆盖死者的脸，用绳子将死者的两脚系在一起，这既是希望死者尽快忘记凡世到达另一世界，也隐含着生者对于未知的灵魂的恐惧心理。安排妥当之后通知亲友，如死者是妇女，要通知她娘家。

在死者的头顶旁点亮油灯、供奉各种祭品是安抚亡灵的一种方式，上供时亲属们要为死者磕头并痛哭。前来吊丧的亲友，如是死者的晚辈，要给死者磕头，如是长者，只给死者鞠躬。死者亲属要跪下陪着哭泣。来吊丧的亲友，一般要带来烟酒、兽肉等，以给死者上供。一般在死后第二天下葬，如果有至亲没有及时赶到，需要停灵等待，直到全部亲友到齐才能下葬。

安葬方式

棺木的选择 早期的鄂伦春人因条件所限，棺材很简单，只是将死者安放在木架上，用树枝覆盖。后来鄂伦春人利用当地材料制作桦皮棺材，用柳条和桦树条编制好棺材底，然后用桦树皮覆盖在死者身上，前后也用桦皮堵上，这种原始的棺材称为“巴

“船形棺”

克萨”。清朝初期鄂伦春人的棺材多数是空心木做成的独木棺。1985年在乌云河上游左岸1.5公里处的石壁洞内发现一具鄂伦春族“船形棺”就是将红松原木凿空，用刀斧砍成船形做成的。后期，鄂伦春人多制作“木刻楞”棺材，把截成长短适度的圆木砍成凸凹形，使其互相咬合形成框架，底和盖是用绳子和柳条把一些圆木排列捆绑在两根横木上，这种“木刻楞”棺材十分坚固。

出殡时间 大多选择天亮以前或者太阳落山以后，也就是避免死者见到阳光，防止灵魂从阴间回到阳间。

“领路箭”“送魂仪式”与“引路幡” 出殡时要由死者舅家人或者吊丧的女性射一箭，为死者领路，目的是让死者快点找到极乐世界，一去不复返。如果死者的子女多就要请“萨满”举行送魂仪式，萨满扎好草人，草人上拴数条线，死者子女各牵一条跟随其后。到葬地，萨满念完祭文后，用“神棒”将线打断，把草人扔出很远，以示死者灵魂远离而去，不牵连生者。如果老人寿终正寝，家人就要用十尺红布、五尺黑布缝制一个红身、黑头、黑手、黑脚的人形幡，用木杆挑起名曰“引路幡”，出殡时由长子举幡引导灵柩前往墓地。葬礼结束后，人们撕抢“引路幡”，意味“讨寿”的吉祥物。有的人家把撕抢来的“引路幡”布条缝在孩子的衣服上，寓意孩子健康成长，长命百岁。

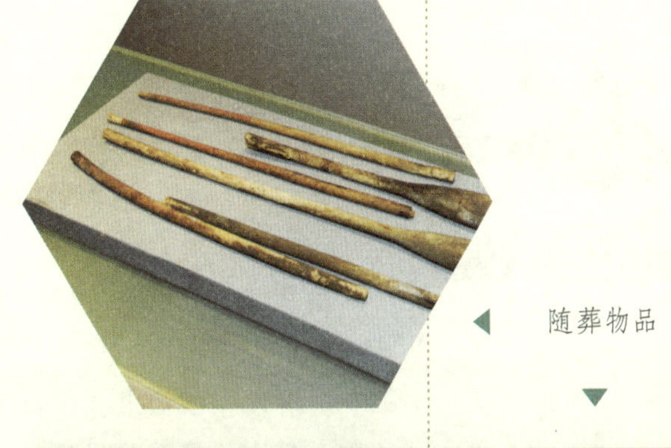

随葬物品

随葬物品 因为笃信死者在另外一个世界生活，所以死者生前用过的碗筷餐具会一同下葬，随葬的还有象征性的米口袋、面口袋作为上路的粮食。男人的猎刀、弓箭等，女人的熟皮子用具和针线盒也是必需的随葬品，吸烟者会随葬烟荷包及烟斗。家境好的会随葬猎犬、猎马，家境不好会随葬马或狗的鞍具，或者扎草马、纸狗烧掉。乌云河石壁洞内发现的鄂伦春族“船形棺”内，陪葬物有两把佩刀，一个精制的铁皮腰带，箭杆、凿形铁簇各一个，桦皮管箩、桦皮筒各一个，还有鸣镝葫芦、家织布残片、狍皮衣残片、渔具等。据考古发现，清代鄂伦春墓葬中还发现了一些极为珍贵的瓷器，如青花诗文碗、五彩大盘、珐琅彩碗、虎皮三彩碗、粉彩碗等，还发现了金银器、翡翠等物品，数量较多的是铁器、铜器，玉器和丝织品等。这些物品的发现证明历史上鄂伦春族与中原汉民族的友好往来十分密切。

树葬

树葬（风葬） 鄂伦春人大多为死者选择靠近森林和河流的地方作为墓地，树有根，水有源，意味着子孙后代永续不断。将选择三四棵树，借树杈搭上横木，横木上铺树枝，把死者放在上边盖好。吊棺葬是选择相距一米左右的两棵松树，在距两米左右的地方砍断树干，用一横杆搭在两树的树杈上，把棺材吊在横杆上，尸体的头要朝西南。他们还特意在棺木两端插上两个木片，作为灵魂升天使用的翅膀。葬后一两年，若棺木不落地，就认为死者生前的罪还没赎清，因而没能升天，还要请萨满祭祀祷告。棺木落了地，亡者的灵魂就升天了。

树杈卡尸葬

树杈卡尸葬 这种葬法仅限于死婴。将婴儿尸体用桦树皮或棉被包裹好，放在不易被人发现的一人多高的树杈上。

吊葬 不满15岁的孩子死亡一般选用吊葬，将尸体用柳树条或桦树皮包裹，再用皮条或绳子捆，吊在两棵树之间。

火葬 孕妇或非正常死亡的人实行火葬，将尸体放在架起的柴堆上焚烧，再将遗骨放入棺木深埋。

水葬 人死后，把尸体放在两根长圆木或木排上，尸体上盖上无毛的兽皮，头顶摆放供品，先将死者用过的帽子等物扔进河中，再将木排推入水中任其漂流而去。据说这是鄂伦春人最早的安葬仪式，后来水葬则用于因溺水而死的人。

土葬

土葬 随着汉族移民的增多和各民族经济文化的交往，鄂伦春族的丧葬风俗日趋汉化，大多改用木棺土葬的丧葬风俗。但是用的棺材较为粗糙。如果没有棺材，可在土坑中用木杆做成方框，然后放入尸体、盖上木杆再填上土。实行土葬后，鄂伦春族本家族就按辈分先后，自北向南的一代一代地埋葬，形成了家族墓地。

▲

葬地祭祀

守孝禁忌

葬三天后回坟，给坟培培土，死者的配偶和子女到墓前烧纸，女的坐在坟的左侧，男的坐在坟的右侧，中间有篝火。要向死者说，你要什么就告诉我们，会给你送来，儿女都很孝顺你。人死后的第七天即“头七”，以及重要节日、清明等都要到葬地祭祀。以后每年的除夕给死者烧一次纸。

老年人死后，3年以内每年都要供祭。如死者是女人，留有子女，其丈夫戴孝3个月，没有子女的只戴孝7天。如死者是男子，其妻和子女必须戴孝3年，服丧期间不理发，不穿新衣裳，不参加娱乐活动，不同人吵架，不再娶嫁。服丧期满后，服丧者本人不能自己脱掉孝衣，需请其他氏族的一男一女帮助脱掉孝衣。

鄂伦春人在葬仪中，周年祭最为隆重。死者亲友都来参加祭祀。其子女及氏族五代以内的近亲，要戴孝致哀。举行周年祭前，死者在“仙人柱”中的铺位一直要照常摆放。举行周年祭时，在此铺位上摆一小桌，把亲友送来的礼物摆在桌上。来的亲友，要跪在桌前给死者磕头，死者家属要陪同一起磕头。这个仪

式结束后，家属和亲友带着亲友送的礼物和死者的遗物前往墓地。到墓地后，大家围着篝火而坐。夜幕降临后，祭礼开始，同辈人站着，晚辈跪着。主祭人宣读礼单，念到谁的名字，谁答“加”（是），同辈的向死者鞠躬，晚辈的磕头。仪式结束，死者家属中男人开始给亲友敬酒，敬酒时要双腿跪下递过去，酒过一巡，端上大块手扒肉，大家边吃肉喝酒，边以崇敬的心情，谈论着死者的业绩和美德。过一两个时辰，再宣读一次礼单，到深夜要第三次宣读礼单，然后把葬在树上的棺材抬下来，家属和亲友一起下手捡尸骨，把尸骨放在棺木里，进行土葬。安葬时要烧纸，同时将礼单一起烧掉。在此之后，再喝一会儿酒，周年祭就结束了。这时主人趁宾客醉酒，把礼物悄悄地赠给每一位客人，或塞在衣兜里，或系在纽扣上。把吃剩的兽肉也分给每位客人，让他们带回去享用。周年祭过后，死者的子女也就脱掉孝衣了。

味蕾上的滋味

鄂伦春族的饮食习俗是其民族心理和生活方式长期积淀的结果。也许人们对于以捕获野兽、采摘果实为生的渔猎攫取经济会有“食不果腹”“所到之处如扫荡一般，洗劫一空”的想象，然而人类学家却给出了这样的结论：“它是一种稳定的、令人满意、生态健全的存在，而不是荒凉、贫困、龌龊与短命

兴安岭植被繁茂、动物喧嚣

的存在”，许多人类学者通过对采集、狩猎、刀耕火种民族的研究都得到一个相同的结论，他们所获食物之容易，所获食物种类之多，所获营养之全，所摄蛋白质量之高，可令现代农民望尘莫及。人类学家塞林斯将这样的社会称之为“原初的丰裕社会”。的确，茂密的森林、纵横的河流和丰富的生物群落构成了兴安岭草木欣荣、动物喧嚣的生态系统，大自然的恩赐使鄂伦春人过着相当富足的生活，“棒打獐子，瓢舀鱼”是他们那时生活的写照。

伴随着人类从“果腹需求”到追求膳食平衡的经历，由重视饮食发展起来的饮食文化正在节节升温，饮食理论也在逐步完善。味蕾上的“滋味”如今有了更多的文化上的含义。研究少数民族饮食习俗也蕴涵着对其文化理念的探究，人们可以顺着饮食这条线索发现暗含其中的民族道德观念、伦理思想及宗教思想的密码。饮食作为物质文化的重要组成部分，与其他物质文化的内涵相比，已处于核心地位。如今品尝特色美食已成为旅游经济的一个重要因素，它反过来又带动饮食文化进入一个良性发展的空间，民族特色美食借此得以发展与传承。

靠山吃山，靠水吃水

当冒油的“烤犴乳”飘香时、当酸甜可口的“稠李子粥”入口时，回味绵长的不仅仅是滋味，还有那句经典的话：“靠山吃山，靠水吃水”。

饮食作为人类与自然界的一种物质交换，是人类适应自然、改造自然的必然结果，人们的饮食习惯也与其所在地区的自然环境密切相关。比如：蜀、湘等地的湿气比较重，所以当地人都喜吃辣；陕、甘、湘、贵、晋等许多山区因水土关系，或者是历史上曾长期缺盐的缘故，所以当地人都喜欢吃酸性食物；而北方漫长的冬季使这里的人们更需要补充高热

吊锅煮饭、明火烤肉

量、高蛋白的食物……当然，慷慨的大自然也为他们提供了丰富的食物资源。

知识链接　鄂伦春族的基本食物

野生蘑菇

山兽、野禽和冷水鱼，这包括狍子、兔、鹿、灰鼠、野猪、雉鸡、榛鸡(又名飞龙鸟)、树鸡、乌鸡、野鸭、大雁、狗鱼、细鳞鱼、鳙鱼、哲罗鱼、罗鱼、鲤鱼、雅罗鱼等；还有柳蒿芽、小根蒜、山芹、山韭、木耳、猴头菇、黄花菜、榛蘑、黄蘑、花脸蘑、白蘑、松蘑、山丁子、山葡萄、山梨、草莓、稠李子、榛子、松子、核桃、辣椒、茄子、菠菜、白菜、葱蒜、黄瓜、土豆、小麦、玉米等。

食物储藏方式：晒、腌、酿

鄂伦春猎人每天都要出猎，常常带回大小不一的猎物，小的如兔子、灰鼠、山鸡之类的一次也就吃了，但是带回的猎物往往都超过五六百斤，冬天可以冷冻慢慢食用，但是夏天就很难保存了。鄂伦春人当然不会浪费，他们把吃不了的肉晒成肉干、肉条，放入皮口袋、桦皮篓中或者放到奥伦（高脚仓房）中储藏以备不时之需。

晒肉干　有两种方法：一种是把动物去皮，将肉切条放到锅里煮，半熟的时候捞出切成小块，再放到锅里并加入适量的盐、花椒、大料等作料直到煮烂，然后捞出放到用柳蒿编织成的帘子上晾晒，再用木架将帘子支起来，在帘子底下生火用烟熏干。最后就可以装入皮口袋里储存起来。这种方法加工的肉干香脆可口，肉干可以直接拿来吃，也可以做肉粥或炖汤吃。另一种方法是把肉切成条挂在一排排支好的横木上晾晒。晒成半干，然后用火熏烤，待烤熟干透之后再切成小块储存起来。为了使肉条干得快，还要在下面生一堆火，既是熏烤，又能驱赶苍蝇。这样晒出来的干肉条可储存半年左右，一般肉条多用来炖菜或用火烤着吃。其味道又香又脆，是鄂伦春人待客的上等食品，备受人们喜爱。

晒肉条

同样，鄂伦春人还将采来的山菜经盐腌制后晒成菜干留待冬日食用。

都柿(又称蓝莓)

▼

▲

家庭自制蓝莓酒

都柿酒 鄂伦春人也将采来的浆果酿成果酒。他们制作酸甜味美、醇香味浓的都柿酒有两种方法，一种是将一块木板放在桦皮盆内，用布包好成熟的都柿果，两手在木板上不停地挤压揉捏布包中的都柿果，促使其果汁流入盆里，发酵后即可饮用；另一种是将成熟的都柿果放到桦皮桶内，加盖封好，两手上下左右使劲摇晃桦皮桶，让都柿果在桶内破碎，促其发酵酿出都柿酒。这种简单的酿造工艺在民间一直流传着。源于人类的采集、渔猎时代酿酒，是采集、渔猎民族的创造和发明，也是采集、渔猎民族留给人类的最宝贵的物质财富之一，从而人类才逐渐形成了丰富多彩的酒文化。

一日两餐 现代的人们都习惯于一日三餐，但是鄂伦春人却不遵循这种饮食习惯，他们每日仅用餐两次，这一方面是因为他们以肉食为主，肉类食物不仅耐饥而且消化的较其他食物要慢得多，另一方面是猎人狩猎需要长时间在外面，中间自然不能回来与家人一起用餐，家人自然也省略了独自用餐。鄂伦春人用餐的时间也不是一成不变的，冬季鄂伦春人在太阳未出前用餐，餐后出猎；夏天，为避开炎炎烈日，猎人们天没亮就出去打猎了，猎归后再用早餐。而晚餐常常是猎归之后一家人团聚的温情时刻。

女人是主厨 不息的灶火旁鄂伦春女人将自己从山上采来的山珍、野菜、浆果与男人打来的猎物花样翻新地制作成飘香的美味，温暖着家人的胃，强健着家人的身。生烤、生拌、烟熏、炖、煮、烧、蒸、煎、炒、爆、熘、炕、煨……是她们常用的烹调方式。

餐具 鄂伦春人的饮食用具中除了铁锅是购买的外，其他都是自制的，比如：盛粮食的

▲

女人主厨

知识链接 **鄂伦春族肉类的几种做法**

"乌鲁格日"（炖肉）是把肉切成小块，骨头砸碎放在吊锅里一起炖，肉将熟时，放些野菜、山葱等，骨头中含有丰富钙质，有益于身体的健康，肉汤更是别有风味。

"乌罗伦"（煮肉）是把肉切成大块用水煮，煮到七八分熟，肉里还带有血色，认为是恰到好处，用刀割下，蘸些调好味的盐水，使其鲜美可口。

"达尔嘎然"（烧肉）是切一块肉，扔到火炭里，烧得外黑里红即可食用。

"席拉然"（烤肉）是取40厘米左右的木棍，把两端削尖，一头插肉，一头插在篝火旁，两面烤，待肉表面烤成焦黄、冒油并发出肉香味时即可，其味道十分鲜美。可以蘸盐水吃，也可以在烤时蘸些盐面。

口袋是用兽皮缝制的；吃饭的筷子是用骨头磨制的；装饭菜的盆、碗等是用桦树皮制作的……

大自然的赋予让鄂伦春人在均衡合理的膳食结构下获得了健壮的体魄，因此他们可以抵御北方的严寒，可以战胜凶猛的野兽，也获得了勇敢无畏的美称。

桦皮碗 ▶

几道极富鄂伦春族特色的美食

昆毕汤 昆毕是一种野菜，又称柳篙芽，学名"茵陈蒿"。它长在河边柳树丛间。古籍早有记载：多年生草本植物，全身有香气，可入药，有发汗、利肝、利胆、败火、解毒、清胃的作用。新鲜的柳蒿芽与各种野兽（除熊）的骨头肉、肥肠及新鲜血烩炖成汤菜，清香可口，鄂伦春人称之为昆毕汤。

柳蒿芽

手把肉 把狍子、野猪、犴或鹿肉切成大块放到锅里，掌握火候到鲜嫩可口时捞出，每人用刀割着食用。煮野猪、犴和鹿肉的时间稍长些。煮熊肉时须更长些，煮烂了才好吃。煮手把肉一般用野兽的胸腔部分，如肋骨、胸骨、舌、心等。吃肉时蘸上用盐、野韭菜花和野葱调制的肉汤，味道更加可口。至今，每逢盛大的民族联欢会或有贵客临门时，大家都要围坐在一起，互相献上手把肉。

手把肉

犴鼻子 即驼鹿鼻子。这是鄂伦春人待客的美味，曾是向清朝皇帝进贡的山珍之一。一只成年犴的鼻子约10斤重，鼻部的软骨和近乎透明的肥肉加之粗丝瘦肉，嚼起来非常适口。

烤犴乳 鄂伦春人独具特色的食品，也是上好的补品。夏季是犴产仔期，猎到母犴后，老年人喜欢把犴乳房用火烤着吃。把犴乳房叉在细棍上，在篝火上烤，滴出的乳汁被火烤焦，再蒸熏到肉上，加之篝火中松木的清香，使烤犴乳具有特别的烧烤味道。

布拉玛日 鄂伦春人食用的烧面圈。用冷水和面，不加酵素等补充物，把面提成空心圆圈，埋入木灰中烧熟，熟后有一种烧烤食品的特有香味，如蘸上犴油和熊油，更加好吃。猎人外出狩猎时常常随身携带。

烧面圈

稠李子粥 鄂伦春人常吃的稀饭之一。将野果稠李子阴干，和酸奶酪、大米或小米煮成粥。甜酸可口，可增加食欲，促进消化。

阿苏纳 把煮熟的狍子心、肺、里脊肉切成小块，和煮熟的狍脑子拌在一起，加入野韭菜花和野葱，用野猪油或熊油搅炒，味道鲜美。有的猎人在山上打到狍子后，打开腹腔，倒出肝和肾，用水或雪洗揉一下即能生吃。据说生吃肝、肾可以明目清火，和“阿苏纳”一样，都有十分丰富的营养成分。

灌血清　这是鄂伦春猎人比较讲究的食物，在猎到鹿、犴或野猪之后，把胸腔打开，用猎刀在肋骨上划几道，让血流到容器里。过一小时后，鲜血沉淀下去，上面浮起一层透明的血清。把血清灌进收拾干净的肠衣里，加盐和野韭菜等佐料，就煮成了白嫩爽口的上等佳肴。

此外鄂伦春人还创造了许多菜品，例如：黑木耳炒狍肉丝、黄花菜炖狍子肠肚、“库日”蘑菇炒狍子肉或犴肉丝、猴头清炖飞龙肉、白桦蘑菇炖野鸡肉、明火烤野鸭子、百合花拌肚条、哲里鱼肉丸子、野韭菜拌鲤鱼肚儿、犴血做成柏桦血肠等等。

以上介绍的食物大多数是鄂伦春人在山林生活中的传统饮食。随着山林生活的结束，随着生态环境保护措施的加强和保护意识的增强，以上许多与动物保护和植物保护相关的物种，已经不再被人采摘和狩猎。今天的鄂伦春人的生活方式和饮食方式已发生了很大的变化，日益提高的定居生活使鄂伦春人更多接受了汉族饮食文化的影响。

祭祀节日的饮食

透过祭祀和节日的饮食习俗我们可以更深入地了解一个民族的信仰崇拜和宗教习俗。

熊祭

鄂伦春人每次进山打猎，猎人们都会带上祭祀用的肉干和酒，如果在山里遇到“白那恰”，猎人就要下马叩拜、供上祭品，祈祷“白那恰”保佑自己多打些野兽。“白那恰”是鄂伦春人心目中的山神，它能庇护猎人多打野兽。

鄂伦春人每三年祭一次祖先，按氏族举行，每当此时都要传授族谱、排辈分。当地人管这种氏族大会叫“穆昆”，大会的主持者是对祖先、族谱、家谱、氏族历史都极为熟悉的老年人。在祭祀的时候，人们要奉上狍头、飞禽、全猪等祭品，并且洒酒表示自己的崇拜。然后，男女青年要唱歌，跳“依和纳仁”舞。最后，全体参加会议的人共同吃掉祭品。

鄂伦春人吃熊肉有一个庄严的仪式，猎人打到熊后，一定要全乌力楞的人一起来吃。先把剔下的熊肉煮熟剁成碎块，拌以野

知识链接 **依和纳仁** 一种祭祀舞蹈，在丧葬、周年祭祀、传授族谱等仪式中表演。过去鄂伦春族每三年举行一次传授族谱和排辈分的氏族仪式，在这种仪式上人们跳“依和纳仁”舞蹈。跳此舞时要穿上节日盛装，并带上“德勒格垫”(用桦树皮制成的假面具)，由十个人手拉手围在外面，一个人站在圈中央。如果外围十个人都是少年，就一定选一位年近七十岁的对祖先对族谱、家谱、对民族历史都熟悉的老人站在中间。如果外围的十个人都是青壮年，那么中央站立着的那一个人，是同辈人或年龄稍大些的人都可以，但最好是年高德重的老人。舞蹈一开始，外围和中央的人，都蹲着做小蹦跳的动作，并可自由地蹲跳旋转，当中央的人传颂族谱进行排辈教育时，大家才站起来，手拉着手成圆圈，边跳跃边顺着圆周行进，步法是：先出右脚向右跳出一步，左脚紧跟踏地，身体略偏向右行进，转几圈再依理反转。中央的那个人边唱边舞(手势性动作)，外围的人随声附和，以虚词“那耶希那耶”托腔。

葱、野韭菜、盐等调料，加适量熊油到热锅里炒拌。在下箸前，由年老的长辈发出“嘎——嘎——”的叫声，意思是“不是人在吃熊肉，而是乌鸦在吃”。然后男女老少每人用桦皮碗盛着吃。吃完熊肉之后，人们还要将吃剩的熊骨按原骨架摆好，并假哭送葬，将熊骨送到由树搭建的架子上进行风葬。

鄂伦春人在为民族成员求儿求女、保护牲畜兴旺、治病等，都需萨满跳神。萨满祈祷仪式上，也要准备兽肉或飞禽肉作为祭品。祭祀仪式完毕后，参加祭祀的人共餐祭品。

萨满孟金福带领族人祭拜

通过上面的介绍，我们可以了解鄂伦春族信仰萨满教，而且是多神崇拜。

饮食禁忌

由于宗教信仰和民族礼俗的影响，鄂伦春族在饮食方面还有很多忌讳。

妻子怀孕后，丈夫不可以捕杀交配中的野兽和哺乳的雌兽以及孵卵的飞禽；煮饭时不得向篝火堆泼汤水；不能用刀、棍夹取篝火上的烤肉；对大野兽开膛时，不许将心、舌割断；不能到猎人家购买野兽的心、舌、肠、肚；吃饭与喝酒时都要先祭山神（割三块小肉抛在地上，用手指蘸酒向上弹三次），否则就是大不敬；妇女不能吃熊前半身上的肉；月经期和产期的妇女不能吃熊肉……

总之，鄂伦春族用生命和信仰传承下来的古老而文明的饮食文化，不仅为我们探寻民族历史、民族心理、民族气质打开了一个窗口，而且它提醒我们应该肩负起抢救和保护这份珍贵文化遗产的责任。

服饰艺术

具有鲜明民族特色的服饰是民族文化的重要元素，它承载着民族的历史记忆，并且伴随着生活环境及生活方式的演变进程在种类、样式和功能性诸方面逐渐完善。

兽皮工艺

由于鄂伦春族生活在北半球高寒地带，一年冰雪期长达7个月，最低气温可达零下45°以下，所以他们的服装首先要解决御寒问题。另外，鄂伦春族长期游猎于山林之中，追逐獐狍野鹿、翻越崇山峻岭、穿越纵横枝杈都要求他们的服装必须结实耐磨。兽皮满足了保暖与耐用这两个条件，于是鄂伦春人对猎获的兽皮进行加工，制成了各种皮衣、皮裤、皮帽及皮靴，渐渐地他们将本民族特有的审美情趣和精神追求也融入服饰之中，于是也就有了今天还让我们为之惊叹的具有北方狩猎民族特色的服饰文化符号。

狍皮服饰在鄂伦春服饰中占比重最大，这一方面是因为在鄂伦春地域内狍子的数量很大，“傻”狍子又很容易猎获，另一方面也是因为用狍皮制成的服饰更加的温暖、柔软与舒适。鄂伦春人一年四季都打狍子。冬天落雪后的狍皮毛长，而且绒毛也很厚，用来做御寒的皮袍最合适。夏天打到的狍子毛很短很薄，颜色发红，鄂伦春人称为红杠子，鄂伦春人用这种狍子皮做成“姑拉密”，春秋季节穿，夏天毛朝外穿还能当雨衣用。

▲

熟皮子

用狍皮做皮衣之前，必须先熟好皮子。在没有任何现代工具的年代里，熟皮子是一件非常繁重的劳动。鄂伦春人熟皮子的做法是，把剥下的皮子搭在密林下阴干后，先用与镰刀头形状很相似的工具铲掉皮板上残留的肉，然后将发酵好的狍肝或朽木渣均匀地涂抹在皮板上，等皮板发酵膨胀起来后用带齿的工具刮掉油脂和残渣，再反复揉搓，直至柔软就可以做皮袍了。

鄂伦春人缝制的皮袍等皮制品，都要使用兽筋线，主要是用狍、鹿、驼鹿的筋制线。将兽筋风干后用木槌敲打使筋疏散开来，成为很细的纤维，再把纤维搓成线。用这种筋线缝做的皮衣经久耐用，即使皮板穿破了也不会开线。

传统服饰

在定居前，鄂伦春的生产方式一直是以原始狩猎为主，所以他们的服饰基本上都是传统的兽皮缝制的衣服。

皮袍 为现代城市人所喜爱并戏称为“毛朝外”的裘皮就是源于古老的皮袍，只不过皮袍永远是“毛朝里”，二者的美观度也许不可比，但是皮袍的御寒性能则是绝对的。鄂伦春男子一般都有两件皮袍，一件平时穿的长袍，还有一件是狩猎时穿的短袍，长袍长至脚面，短袍长至膝盖。为方便骑马，男袍不仅前后开衩，左右也开衩。女皮袍一般都长至脚面，仅仅左右开衩或者不开衩。但是不论男女皮袍都是右大襟，襟边袖口都镶有黑色薄皮云纹边，有的衣领还要缝上美观保暖的猞猁皮或者狐狸皮。相对而言女袍要比男袍更讲究美观，前襟、袖口、双肩处都绣有各

皮袍

种花纹图案。皮袍的纽扣是用兽骨或硬木磨成的长圆形，中间镂空钉在袍子上。无论男女皮袍都是要扎腰带的，男的扎用犴皮或鹿皮做成的宽皮带，挂上皮制的烟荷包，越发显得潇洒、威风。女的扎彩色或素色的布腰带，愈加美丽、妖娆。

皮裤　鄂伦春男子穿的皮裤叫“额勒开依”，多用狍皮制作。早期的男裤较短，裤脚仅及膝盖，下半部需穿套裤，以免钻山刮坏裤子。套裤是用“红杠子”狍皮或去毛的鹿皮做成的皮筒，用皮绳系在裤腰带上，下面系在鞋鞠上。后来皮裤用鹿皮或小犴皮制作，比狍皮耐穿，不易被刮破，也就不必再穿套裤了。冬季穿的皮裤带毛制作，其余季节的皮裤用去毛的皮板制作。女皮裤的两侧有开衩，利于方便。女裤比较长，也比较瘦，还有类似现代背带裤一样的套在脖子上的肚兜，既可使腹部保暖，又可护住胸部。这种裤子适合鄂伦春妇女骑

皮裤

马、采集山果野菜时穿。

狍头帽 这种帽子是用一副完整的狍头皮缝制而成的。将狍子头皮剥下、晒干，按原状衬上布或者皮，眼睛的圆洞用黑皮子镶上，有的还将两只角保留下来。鄂伦春人大部分时间要戴这种颇具匠心、栩栩如生的狍皮帽。鄂伦春人持枪趴在灌木丛里，微露狍头帽，俨然像一只狍子卧在那儿，诱惑狍子或其他以狍子为猎食对象的野兽，当它们出现在猎人视线内的时候，猎人出其不意地扣动扳机，弹无虚发。鄂伦春妇女们喜欢戴猞猁皮帽或镶着皮毛的毡帽。

狍头帽

狍皮手套 “考胡路”是猎人在寒冷季节狩猎时带的手套。由两部分组成，前半部分用厚毛狍皮缝成半圆形，与大拇指分开，在手腕处留口，后半部分用薄皮板做成筒状套，长至肘部并用皮绳系于肘部。猎人射击只需将手从开口伸出即可。“瓦日格”就是现代俗称的“手闷子”，拇指同四指分开，一般是用两块椭圆形的狍子皮缝制成的，在两只“手闷子”中间用一条细细的带子连接在一起套在脖子上，既实用保暖又不容易丢掉。“沙日巴黑”即五指手套，是短毛狍皮缝制的，做工比较精细，在开口处用动物的毛镶上一圈毛茸茸的边，手套背部绣有精巧的花纹，它最能显示制作者的针线手艺。如今北方寒冷的季节里，为了保暖人们通常都会戴上各式各样的手套，但是这些手套大多都是针织或棉制的，而兽皮制成的手套现在已经是价格不菲的商品，数量也很少了。

狍皮手套

鞋子

鞋子 鄂伦春族居住的地方一年中有大半的时间被积雪覆盖，尤其是山上，有时甚至是常年积雪不化，所以在鞋的选择上，以保暖、轻便的靴子为主。这些靴子一般都有高高的靴鞫以防止踩踏在厚厚的积雪上被雪灌进靴子里。鄂伦春人穿的鞋子有三种："奇哈密""温得"和"奥劳其"。"奇哈密"是用狍腿皮做靴鞫，狍脖子皮做靴子底的半高鞫皮靴。男女都可穿，出猎时轻便暖和，下马寻踪，脚步声极小，不易被野兽发觉。"温得"是用鹿皮或犴腿皮做靴鞫，鹿或犴皮做鞋底的高鞫皮靴，比"奇哈密"的鞫高，一般及膝盖。"奇哈密"和"温得"适合冬季穿，毛朝外很有特色。寒冷的季节，猎人们在靴底垫一层靰鞡草，再穿上"道克吐恩"(狍皮袜子)，无论多么冷也不会冻伤脚了。"奥劳其"是布鞫皮底的鞋，布鞫是用多层布缝制成的，并绣有各种花纹图案，极为精致。这种鞋主要夏季穿着。

节日、祭祀时的服饰

节日、祭祀都是民族重大事件，此时的服装非常讲究，比平时服饰要丰富和漂亮许多，装饰性的东西也比较多，这也是女人展示"奥架"（针线活）的好机会。

关扣尼及其亲属身着民族服装

皮衣装饰 鄂伦春妇女用朽柞木煮水，将皮子染成黄色，还用不同颜色的皮革拼缝，或在襟口、袖口、托领、前胸和后背绣上云纹、植物纹和各种动物的图案，做出色彩鲜艳的婚服和节日服装。

例如女式节日皮袍除了镶边外，在袍边、开衩的地方有美丽的花纹图案。侧面开衩的地方一般是尖顶的云形花纹，衣袖和衣角是相对称的行云流水图案或“回”形花纹。花纹是用彩色线缝制或是用火烙上去的。鄂伦春人装饰皮衣的花纹很讲究对称，特别是左右的对称，这种审美观念的由来，与鄂伦春人长期生活在崇山峻岭之间，对大自然的观察有直接关系，是自然赋予的审美纹饰艺术图案。她们还巧妙加工皮子的边角料，把它做成漂亮的皮兜、香囊、烟荷包、腰带、枪套、猎刀的佩饰。那些镶嵌云纹、波纹、花朵、蝴蝶等精巧图案的背包、荷包、马褡、帽饰等皮制装饰品，在英武、骁勇的鄂伦春民族服装上，又增添了一种朴素大方的美感，也是女人对男人表达爱意的一种方式。

知识链接 **窟地** 鄂伦春语，是“皮包”“口袋”的意思。它很像一个大书包，约有一尺半宽，二尺半长，是一种专门用来盛装妇女贵重衣物的皮毛口袋，也多为姑娘结婚时的嫁妆。“窟地”上的花色、图案非常多，是鄂伦春族妇女利用各种动物皮毛的自然色彩，巧妙搭配而成的镶嵌制品。黑色的是熊皮，白色的是马皮，黄色的多为小鹿皮和狍子皮，棕灰色是犴皮。“窟地”图案错落有致，色彩明快协调。有的中间部分用五颜六色的丝线绣出具有象征性的“团花”图案，如“盘肠”“云子卷”象征吉祥，也有用植物花草纹装饰的。这些图案被外围的皮毛镶嵌衬托着，朴拙中显华贵，粗犷中有精巧，是颇具狩猎文化特征的民间手工艺品。“窟地”反映了鄂伦春族妇女的勤劳、智慧和热爱生活的美好心灵。

头饰 节日里鄂伦春妇女还会戴上精美的头饰，鄂伦春语称之为“得拉巴嘿”。头饰是用一条三四厘米宽的布，上面钉上各种小纽扣以及闪闪发光、色彩缤纷的珠子，阳光下精美的头饰璀璨夺目。

头饰

脖饰 除了头饰之外她们还佩戴脖饰，鄂伦春人称之为“西瓦叶库”，

类似于现代的哈达。用红、绿、蓝、黄、白线在白色绸缎上绣上富有浓郁民族寓意的图案，代表吉祥如意。红色象征太阳神和鄂伦春族永不熄灭的篝火；绿色象征茂密的大森林；蓝色象征蓝色天空碧蓝的流水；黄色象征至高无上的神灵；白色象征皑皑白雪、朵朵白云、亭亭白桦。“西瓦吽库”两端的穗寓意萨满服饰的飘带。整个图案呈波浪形，恰似苍茫的大兴安岭。鄂伦春姑娘出嫁时娘家必送“西瓦吽库”，当男方接亲队伍到来时，母亲把精美的“西瓦吽库”挂在姑娘脖子上，祝福他们幸福平安、吉祥如意。

萨满服饰　无论是对于一个人还是一个民族来说，信仰是支撑生命力的脊梁。鄂伦春族的信仰是与萨满教紧密地联系在一起。反映到服饰上则使萨满服饰充满着象征意味，蕴含萨满教的理念。它是用鹿皮制作的，胸前两侧对称的铜镜“屋温吞”象征着女性乳房，是母系氏族社会生殖崇拜的遗存；铜镜下方衣襟两侧各有三个绣有吉祥图案的小布兜“嗯聂吞”，那是神灵降临的

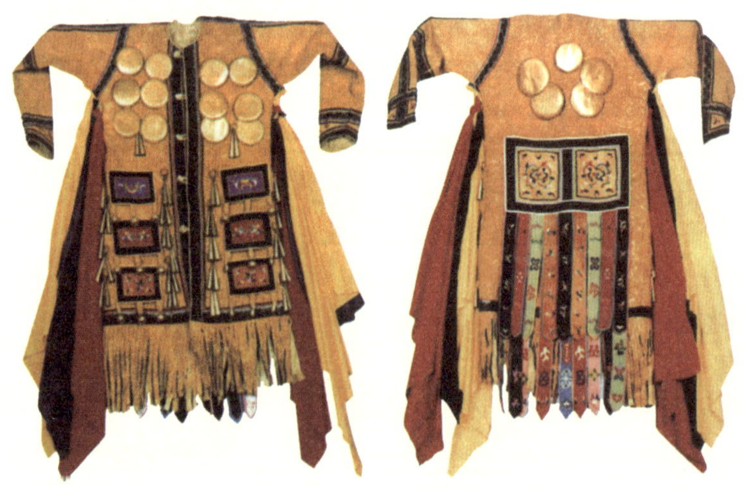

萨满服饰 ▶

地方；数十个铁制的小喇叭状的“布基兰”缝制在衣襟两侧吉祥图案旁，它是招神的法器；神衣的下端还缝有一些小铜铃。神衣的背面有一个象征太阳的大铜镜和三个象征月亮、星辰的小铜镜；神衣背面的中心位置绣有精美图案，各种动植物图纹象征着鄂伦春族心目中的具有超凡力量的自然神，反映了萨满教自然崇拜的观念。而神衣两侧的彩布飘带则象征着萨满神功威力。神衣的两个袖子由绣有花纹的黑布条分成上中下三部分，表明了鄂伦春人所信奉的“三界宇宙说”，它认为灵魂分处于天界、人界和地界，通过招魂、送魂的仪式可使灵魂沟通。

现代服饰

新中国成立后，鄂伦春族结束了世代动荡不定的原始游猎生活，民族服饰也随之改变和发展。如今的日常生活中鄂伦春服饰与汉族服饰已没有太大的区别，即便是在重大节日或特殊场合穿着的新型传统服装，其运用材料也被丰富的现代纺织材料取代。

佐领装 就是运用现代不同色彩的丝绸面料制作而成的表现传统的服饰样式。服饰上所运用的肩背饰和开衩饰图案，是由鄂伦春族典型的英雄猎民和树形变化而来。绣花图案、绣花边饰间的色彩搭配协调、考究，腰佩造型和制作手工都极其精美，表现出制作者高超缝制和审美技艺。

佐领装

男装样式 领围和侧开衣襟是简单的包边装饰，没有复杂的图案装饰，下摆及开衩宽边饰也是简单地运用色布区别和另加小饰边条。在胸前还保留其鄂伦春族皮袍装上特有中间断开的半边饰纹，还有衣袍前后开衩处的传统装饰图案，有的在袖口上也装饰着此图案，表明本民族对此装饰图案的喜爱。这种现代民族服饰，既保留民族传统艺术风格，又有一定的创新形式，强调它的装饰性和审美效果，在民族节日或大型活动时才穿用。

女装服饰 女装衣服的领样上与老式服装有区别，原来皮毛领的造型是方圆角，有活领和固定的两种，而且在前领口正中处是错开的，向右偏领位的搭接口形式。而现在的女装的领子是同中式服装的立式小圆领相同，是前中心对称式，它来源于清朝满族服饰的样式，也是文化交融的必然结果。

舞台、展览类服饰 舞台、影视的民族服饰多是以表现形式出现，有一定的展示其民族服饰的功能，是反映民族服饰艺术设计的一个侧面，也是现代民族服饰的一个组成部分。设计的样式是取之于生活装的原形，而进行一定的夸张展示其服饰的艺术美。取其传统服饰的灵魂、用其寓意、表其形态，以追求其形似、神似的舞台表演艺术效果。

现代民族服饰上的装饰品非常丰富，妇女的头饰色彩美丽，装饰的图纹不但有一定的规律性，还很有艺术性的排列顺序，构成与服饰色彩搭配的整体协调美感，把现代的民族服饰

现代男装样式

现代女装样式

舞台装

艺术的发展推向一个新的阶段，使民族服饰艺术能更好地保留和发展下去。

岁月在流逝，服饰在变化。如今充满浓郁民族特色的鄂伦春传统服饰已经完全消逝在历史的长河里，曾经丰富多彩、活泼生动的民族服饰如今已经完全被现代服饰所取代，我们无法在日常生活中寻找它的踪迹，只能在博物馆或民俗村内一寻芳踪，这些展厅中的民族服饰，早已不具备实用价值，只能作为文物让人们在观赏中体味其中的艺术价值，回味它曾经带给人们的美丽与温暖。

岁时节令

节日是人们适应生产和生活的需要，依照历法或季节顺序而共同创造的一种以仪式或庆典形式为主的民俗文化。节日具有帮助人们摆脱周而复始的物质生产活动所带来的身体上的压力的功效，人们也借助节日释放神秘莫测的自然物及自然灾害给人们带来的心理压力，表达自己的理想和愿望，激励自己追求理想的精神。人类的节日民俗丰富多彩，民族的精神和文化通过节日得以集中表现和传承。鄂伦春族节日与狩猎文化息息相关，一系列独具特色的节日透视出一个民族古老而深厚的文化传统，折射出社会历史和文化变迁的轨迹，成为鄂伦春族长期形成的全部文化内容的缩影，它以一种显性而独特的方式承载、传递着民族的传统文化艺术。

古伦木沓节

古伦木沓节是由祭祀火神的仪式演变而来。“古伦木沓”为鄂伦春语，意为祭祀火神“透欧博如坎”。鄂伦春人认为火神是自然的神灵，祭祀火神时，家家门前要燃起篝火，因此此节也叫“篝火节”。鄂伦春人世世代代生息繁衍在苍茫林海之中，以狩猎为生，与火结下不解之缘。火可以取暖、照明、煮食，而且还具有驱邪的作用，器皿衣物置于火上烘，被认为是变得洁净了。由于火也可能使人遭灾，所以他们对火更是心生敬畏，常常焚香跪拜祷告，以求火神保佑平安。每天用餐时，要向火塘里扔些肉、饭等食物，以示供奉。鄂伦春人对火有着一系列严格的禁忌：不许随意向火堆泼水、扔脏物、吐痰，或用刀、棍等尖锐的东西向火中乱捅，以免触怒和伤害火神。长此以往，形成了一种世代传承的民间习俗。

燃烧的篝火

鄂伦春人每年6月份都会举办“篝火节”，夜晚拢上篝火，请萨满跳神，祭神祭祖，白天则举行赛马、射箭、射击、摔跤及唱歌、跳舞、讲故事、下棋、玩木牌等活动。由于“篝火节”并非是单一的祭神祭祖活动，同时还蕴含着丰富的文化内涵。因此该民俗经国务院批准列入第一批国家级非物质文化遗产名录。每年的6月18日被确定为“古伦木沓节”，鄂伦春人不论男女老少，都要穿上节日盛装，精心打扮，都会带着好酒好肉及帐篷等物，举家骑马到预定地点参加活动。

祭火神

如今的“古伦木沓节”活动内容更加丰富多彩，分为开幕式、传统体育比赛、篝火娱乐晚会三部分。

开幕式 开幕式上“穆昆达”（族长）在剽悍的猎手簇拥下走上祭坛，手持桦皮碗，以柳蒿枝洒酒祭祀天、地，用鄂伦春语颂唱祭文。上千名鄂伦春族男女老幼都带着虔诚的面容朝向祭坛左手持桦皮碗、右手拿柳蒿枝毕恭毕敬的跟“穆昆达”一道洒酒祭天，颂唱祭文，场面非常庄严肃穆。随后，“穆昆达”敲“神鼓”，十几位猎装青年吹起鹿哨。众人洒酒祭火。

知识链接 **古伦木沓节** 颂唱祭文的大意：尊贵的火神啊，你是我们鄂伦春人至高无上的守护神，是您给了我们赖以生存的温暖、光明和生命。今天，我们各流域的所有成员和他们的贵客及宾朋，都怀着真挚的敬意虔诚地集聚在您的身旁。等到月亮升起的时候，我们再举行隆重的生火仪式，请您屈尊稍候。

传统赛事 传统体育比赛有赛马、射击射箭、摔跤、拉钩扳腕、颈力绳赛、划桦皮船赛、采集等。每个流域还将推选能歌善舞、心智矫健的族人参加对歌会、故事会和体育竞技比赛。所有的比赛，气氛都特别的活跃，

摔跤

知识链接 口弦琴

口弦琴是狩猎民族普遍使用，且较为久远的“乐器”，鄂伦春语叫“明努卡”，也叫“天恩共”（意为铁的声音）。我国鄂温克、达斡尔族以及国外的爱斯基摩人、印第安人、北欧拉普人、日本北海道爱依努人也均有此类乐器。

鄂伦春“明努卡”多为铁制（也有用铜制），长约12~15厘米，手持部分为圆环形，连接两根“梢形”铁条，中间夹一条薄钢片，钢片一端缠一点棉花或镶柳木柄，以便于用手来弹拨。

演奏方法是用左手持琴，把琴横放于唇内前上下牙齿的中间，右手弹拨。声音靠口腔、唇的开合，呼吸强弱来配合调节音量和音色。男人多用食指的第一、二关节中间弹打，力度大，甚至身体也随节拍摆动，表现出一派男子汉的风度，音色也较为浑厚洪亮。女人则用指尖轻轻弹拨，声音也较为柔弱。

鄂伦春族口弦琴作为自娱工具，多在闲暇时或狩猎的间隙弹打取乐。鄂伦春青年男女也通过口弦琴吹奏表达彼此的爱情。失去丈夫的妇女弹起口弦琴悲悲切切。

现在，口弦琴已是鄂伦春文物了，青年人很少会弹，只有一些老人在受到邀请或节日庆典上才会兴致勃勃地弹起口弦琴。

极富有观赏性。在比赛期间，鄂伦春自治旗乌兰牧骑还表演具有民族特色的文艺节目。在比赛会场，各流域的鄂伦春妇女还会拿出精美的狍皮和桦树皮手工艺品，像赶集一样，向客人和族人展示自己精湛的手艺。整个活动场面庄严而又祥和，一直持续到傍晚。

篝火娱乐晚会 天刚黑下来的时候（约八点左右），隆重的生火仪式开始了。这时萨满代言人燃起火把，按民族礼仪拜颂祝词（鄂伦春语），颂词大意是：“啊，我们知道了，天上仁慈的各路神灵，像地上各方的贵客宾朋一样，都来参加我们鄂伦春民族的篝火节了。在这让人开心的

古老的取火方式——用火石取火

篝火舞

日子和最庄重肃穆的时刻，我受神的旨意，把这象征幸福、吉祥的火种，交给德高望重、至尊至爱、大富大贵的人物手中，祈求火神和各路万能的神灵。保佑天下所有的人像青山一样健壮，像流水一样兴旺。啊，吉日良辰来到了，赶快点起熊熊篝火吧！让神圣的篝火像展翅的金色凤凰一样，起舞欢唱吧。”

然后，萨满代言人用手中的火把，点燃贵宾及德高望重的老人手中的火把。最后将手中火把交给族长，然后由手持火把的人分别将摆放好的三大堆篝火点燃。

当篝火渐渐燃起后，三五成群的鄂伦春人以家庭或组合为单位，或悬斧祈祷，或烤骨占卜，或用烟袋装灰等形式祭火。最后鄂伦春姑娘小伙携起手围起熊熊燃烧的篝火跳起篝火舞，来宾也随之加入。他们边舞边唱，歌声此起彼伏，一直持续到天亮。

知识链接 **烤骨占卜** 鄂伦春族古老的占卜方式之一。将剔干净的狍子肩胛骨扔到火中，然后根据烧烤后骨头上的裂纹部位、走向来判断吉凶祸福。骨面顺茬裂纹又长又直为吉兆，出现横断纹为不祥。

春节

在鄂伦春族看来，春节不仅仅是一岁之首，且是狩猎四期（1~4月为鹿胎期，4~6月为鹿茸期，6~9月为鹿尾期，9~12月为打皮期）中打皮与鹿胎两期交替之际，正可忙中取闲，欢庆丰收。因此，他们对春节非常重视。

春节前猎手们会带着猎获的狍子、鹿、野猪等野味赶回家来，再用毛皮换回一些烧酒、面粉和衣料，妇女们把“仙人柱”里外打扫一新，一家人一起忙忙碌碌、欢欢喜喜地迎接新年的到来。

除夕傍晚，在仙人柱南面相距20步远的距离燃起一左一右两堆篝火。午夜时分，全家人先在户外敬火神、拜“奥伦”（北斗星），以示敬畏之情，以求护佑之惠。老猎人用长条的桦树皮，取篝火中的灰，放在长条的桦树皮上共12堆，鄂伦春人叫它12个月“阿娜腾”，然后用很小的桦皮碗扣上。“仙人柱”内，也以桦皮碗做香炉向“玛路”席上方的祖神敬香。吃年夜饭的时候要

去打猎

知识链接 **"鹿候历"** 猎鹿，是鄂伦春族猎民常年狩猎生产的主要内容。经验丰富的鄂伦春猎民根据鹿群在不同季节的生活习性，总结出独具特色的行猎生产"鹿候历"，不管春、夏、秋、冬。保证你各取所需，必有所得。鄂伦春族的"鹿候历"把每年春季的二三月份称作"鹿胎期"。夏季的五六月份称作"鹿茸期"，秋季的九月到落雪前称作"鹿尾期"，冬季落雪以后，又分作"打皮期"和"打肉期"。

叩拜祖先，叩拜时手端酒碗，以指蘸酒，弹向空中，口中振振有词，并扔肉洒酒于火塘，意思是请火神也喝酒吃肉。最后，家中晚辈向长辈敬酒、磕头，老人接酒先敬神、再勉励晚辈。午夜饭要吃饱，意味着新的一年不会挨饿。除夕夜鄂伦春人也有守岁的习惯，认为这一夜不睡，一年都会精神饱满。

初一清晨，全家人走出屋外，鸣放鞭炮，以示迎来了新的一年。全家面向东或南，燃起九炷香，叩头祭拜天神和山神，祈求神灵恩赐猎物，保佑全家祛灾免祸、吉祥如意。老猎人会把昨晚扣着的桦皮碗拿开，12堆木灰有干、有湿、有半湿半干的，有的整个一堆都是湿的。老猎人会马上知道全年的哪个月份是旱季，哪个月份是雨季。三十晚上的篝火烧成灰之后，在灰的上面能有脚印，比如小孩子的脚印，这说明家中添有人口了，也有动物的脚印，这说明人畜旺盛、生活富有并且平安、生活日日好、打猎天天不空手回来，老人对天叩头祷告，说吉利话。

鄂伦春族传统舞蹈

回到仙人柱内人们开始煮“谢纳温”(饺子),大家按辈分次序入座就餐。晚辈要向长辈叩头拜年,先拜爷爷、奶奶,再拜父亲、母亲。弟弟、妹妹也要向哥哥、姐姐拜年,行屈膝请安礼。太阳出来以后,人们穿上新衣服,携儿带女,带着酒肉互相拜年,先到氏族或家族中最年长者家里行拜,然后再到其他家。进门先烧香祭火神,向篝火里扔一块肉,洒一杯酒,主人陪同客人祭拜。

初二开始,老年人互相拜年,或聚集在一起饮酒娱乐,青年人则自动组织起来进行文体活动,或者唱歌跳舞;或者赛马射击、摔跤比赛;或者下棋玩牌。娱乐活动一直延续到初四。初五,人们认为是“鬼日”,忌讳出门,也不许娱乐和吵闹。这一天,人们都各自在家里休息。初六开始,猎民可以上山打猎,恢复正常的生产活动。

抹黑节

“抹黑”是广泛流传于东北大小兴安岭地区锡伯族、鄂伦春族、鄂温克族、蒙古族之间的古老习俗,已有相当长的历史,其由来各说不一,但是大体上都是为了驱妖避邪、保佑平安、祈求吉利,如今这项活动已经演变成了一个节日。

鄂伦春人认为正月十五是年节结束的界点,这天“天神归界”,人间的新生活从正月十六开始。所以正月十六这天清晨,早起的老人给尚未起床的儿孙脑门儿上抹一点锅底黑灰,他们认为鬼见到人脸黑就害怕被吓跑了,达到怯鬼袪邪的目的。随后,青年人走出家门以抹黑的方式互相祝福。抹黑通常都是在平辈人之间进行,除了子女不能给父亲抹,大伯子与弟媳之间不能相互涂抹之外,其他人之间可以随便抹脸,有时也抹一抹

古老的“抹黑节”现今已成为佑护生灵的节庆礼仪,深受民俗旅游的青睐

长辈，但在抹黑之前先向长辈下跪磕头，先征得长辈同意后才象征性的往长辈的脸上抹一点黑。抹黑节这天部落里很热闹，大家走家串户相互非常快乐，到处都是相互追逐、相互嬉戏的热闹祥和的场面，成为感情交流的一种方式。

祭月

祭月节

天、地、日、月、水、火……这些神秘的自然物，似乎总在主宰、影响着人类的生活，人类既怕它们，又想亲近它们，融入其中，与其取得协调的关系，众多的祭天，祭山，祭火，祭日、月、星辰等自然物的节日，就是应这一精神需求而产生的。一轮变化多端的月亮节给人们无限的想象，每年农历正月十五和农历八月十五日，鄂伦春族要举行祭月亮的仪式。他们将画有月亮的神像挂在“玛路”中心，神像要对着月亮。将剥了皮的野兽放在供台下面，兽头对着神像。然后向神像磕头并祈求神保佑人马平安、打围顺利，孩子不生病等等。随后将野兽的心血涂抹在神像的嘴上，以示神像吃了供品，领了敬意。再将兽肉煮熟，大家共食。上供的野兽绝对禁止用带爪的，否则会触犯神灵，而遭到兽爪抓挠以至大病临头，如有狩猎数日打不到野兽者，猎人便在月下放一个清洁的盆子，然后对着月亮叩头，祈求月亮神帮助猎获。第二天清早去观察盆子，盆内出现什么兽毛就意味着猎获什么野兽。祭祀使人类超越了心理的混乱，平稳而充满信心地掌握自己的命运，使世俗的人们感到了一种与神同在的神圣，从而得到一种极大的心理补偿。

第四章 鄂伦春族文化

在黑龙江与大小兴安岭交织错落构成的独特自然和人文生态环境中，鄂伦春族滋生了自己民族强大的文化根系，灿烂的渔猎文化、原始的图腾文化、神秘的萨满文化、古朴的桦树皮文化、丰富的文学艺术等，构成了具有强烈本土意识、底蕴深厚、独特悠长的鄂伦春族原生态文化，这些原生态文化粗犷中融着和谐，质朴中透着浪漫，其鲜明的历史文化印记，至今还散发着进步文明的光辉。当现代化的触角延伸到世界每个角落的时候，探寻这种原生态文化也是人类反思与反省以及寻觅拯救环境与人类自身途径的过程，是与环保和生态批评密不可分的。

鄂伦春族萨满——关扣尼

越是民族的越是世界的，在当今愈来愈强劲的全球化浪潮中，作为一个少数民族文化圈标志的鄂伦春文化，鄂伦春族如何在固守民族文化阵地、传承民族文化精髓的前提下，使本民族的文化在坚守中寻求创新与发展，在传承中弘扬个性的光辉，已经成为中国人口较少民族将要面对的重大历史课题。

萨满文化

萨满文化是一种起源最早、持续最久远的原始宗教文化。作为一种世界性的历史文化现象，萨满文化以东北亚通古斯人为核心波及北亚、北欧、北美诸多民族。在我国北方16个民族中，有12个民族信仰萨满教或保留一些萨满教的某些遗俗，这其中就包括鄂伦春族。

在原始采集狩猎时代，自然界的变幻莫测启迪了人类的想象能力，使人类在趋吉避凶本能中产生了畏与敬的思想意识，万物依天所生，万物赖地所长，天之灵在天上，树之灵在树中，山水之灵在山水之间，世间万物运动规律皆由“神灵”来操控，于是“万物有灵”的意识形态和多神崇拜的精神现象逐渐形成。萨满文化就是以“万物有灵”为核心信仰的多神崇拜。

萨满文化对鄂伦春族的心理素质、文化习俗、观念信仰诸方面的影响是巨大的、深刻的、长久的。他们请萨满跳神驱鬼治病，祈求神灵给人们带来幸福，通过每年春秋两季萨满神灵的祭祀跳神活动“禳灾祈福”“祛病扶伤”。

知识链接 **鄂伦春族崇拜的神** 鄂伦春族的多神崇拜习俗，上至天上的太阳神、月亮神、北斗七星神、雷神……下到“白那恰”山神、“透欧博如坎”火神、虎神、熊神、狼神、鹿神……此外还有“阿娇儒”祖先神、“吉雅其”财神、“昭路”牲畜神、“居拉西柯依”灶神、“额得娘”天花病神、“尼其昆娘娘”麻疹病神，以及“毛木铁”“阿尼罕”等偶像神，它们构成了丰富多彩的、与鄂伦春民族生产和生活息息相关的“神灵世界”。

鄂伦春人供奉的各种神灵

萨满

在鄂伦春族语言中，“萨满”一词具有“知晓”“晓彻”的含义，鄂伦春族萨满能晓彻神意，是沟通人类与神灵的中介，是本氏族的智者。

在与大自然朝夕相处的原始生产和生活中，有的人表现出强烈的求知欲望，对自然变幻反应敏锐，掌握许多常识或知识，渐渐发展为能够观察事物的发展，预测未来，预言吉凶。这样的人给氏族或社会带来了幸福，因而受到氏族部落的尊崇，于是这样的人就成了早期的萨满。远古采集经济时代，萨满的职责是带领人们趋吉避凶，寻找食物。原始狩猎时代萨满带领着人们追踪猎物，指导和组织围猎。到了近代萨满更是以精神疗法和药物结合来给人治病为目的。为了博得人们的尊重与信任，萨满更加注重观察人的心理状态，他们试图以各种精神方式掌握生命形态的秘密，并以获取这些秘密和神力为终生追求和实践的内容。因而，产生于原始的朴素唯物主义基础上的萨满渐渐地演化出一些唯心的思想意识。

萨满祭祀仪式

在鄂伦春族中，每个萨满都统领大大小小数量不一的神，统领神的大小和数量决定着萨满法力的大小，他们通过跳神仪式来祭神、祛病、祈福等等。在鄂伦春历史上曾有过多种萨满祭礼仪式，比如：春祭与秋祭仪式、祭太阳神“滴拉哈布坎”仪式、祭月亮神“别亚布坎”仪式、祭北斗星“奥伦”仪式、祭山神“白那恰”仪式、祭火神“古龙它不坎”仪式、葬熊仪式、招魂仪式、过阴仪式、占卜仪式等等。鄂伦春的萨满的职责是带领人们与变化莫测的大自然争取和谐相处权利，战胜灾难与疾病，用高歌狂舞，锵锵锣鼓，振奋人们的精神。

萨满击鼓请神

鄂伦春族萨满孟金福

萨满的传承

鄂伦春族的萨满产生于氏族当中，他的传承与其他民族稍有不同，既不是由老萨满用神验方式指定接班人，也不是族人推选，而往往是那些生过病而被萨满治好的人才有资格当萨满。在他们看来，生病，尤其是神志不清或者精神癫狂的病人事实上是为神所召，从此具备了与神沟通的能力，再经过老萨满传授技艺，掌握跳神请神的诸多方法，并且这些技能要在祭祀活动中经过实践，之后她（他）就可以成为萨满了。

关于萨满“跳神”治病

在科学医药不发达的远古时代，人类不仅经常面对各种自然灾害，更多的要面对来自于自身的疾患，而且这些疾患对人类生存的威胁更加巨大，萨满跳神无疑是当时受到人们普遍信任的最有效的治病方法。

首先，萨满跳神能治病这个被普遍认同的意念构成了萨满跳神祛病机理的首要因素。这如同我们现代心理医学上的心理暗示

萨满

疗法，萨满跳神时所形成的大家普遍认同的心理场无疑起到良性的心理调解作用，使病人从心理到生理有序地自调，往往会得出难以置信的疗效。

另外，萨满跳神治病往往要伴随激昂的鼓声、高亢的神歌、炫目的舞蹈和一些特异功能的表演，这一切都传达着鼓声通神、众神齐聚、降妖伏魔的意念，这种有节律的富有震撼力的声音、动作，气壮声宏的唱词无疑强化了跳神治病的心理场。

▲

正在穿萨满服的孟金福

除此之外，萨满确实在生活实践中摸索掌握了一些治愈疾病的良方，比如治疗具有高烧、昏迷、呕吐症状的热症疾病时萨满便让人取来冰块，将冰块放于桦皮篓中，置患者四周，头部周围要多放几篓，能起退烧、降温、泻火的作用。治疗心火、胃火及痢疾等疾病时，萨满便让患者吃冰块或服用草药水冻成的冰块，药效、冰疗同时作用，以泄心火、胃火、肠中之火，使病症减轻。最为独到的是在长期的狩猎实践中总结出来的血敷疗法，如有人患毒疮或化脓溃烂，便在骨刀上涂麻药、刮病人患处，将脓、血或溃烂处刮掉，然后将鲜兽肉割下一块，连血带肉贴于伤处，再行简单的包扎……人与动物肉相贴，空气无法进入，细菌不得侵染，有益于伤口愈合。两种不同的肉、血又不能长于一处，只是在动物肉的保护下，伤口不断愈合，长出新肉，待愈合后，将兽肉揭下，二者并不粘连，所以并不疼痛。

如此神奇的疗效强化了人们对于萨满的信任，于是早年间鄂伦春人生重病时，家人就会怀着虔诚的心情拿着神衣或马笼头去请萨满跳神。萨满跳神仪式一般都在晚上举行，萨满在病人身上舞动神鼓，驱赶恶魔，再用肢体舞蹈表现与恶魔的搏斗过程，用“嘿、嘿、嘿，阿热、阿热”的呼喊表现战胜恶魔的喜悦。如果病人病情好转，病人的家属会将一块彩布拴在萨满的神衣上。鄂伦春人称之为“得古刻”，代表着酬谢，所以，萨满神衣上的彩布多少标志着萨满神通的大小。

如今，萨满跳神治病已是久远时代的记忆，现代科学的遗产，医疗体系的完善让人们的健康有了可靠的保障。

鄂伦春萨满文化遗存扫描

萌生于远古时代的萨满教作为氏族社会精神生活中的重要组

萨满神衣

成部分，伴随氏族社会在人类历史上持续了数万年，如今它在外来文化以及现代化进程的冲击下已渐渐走向消亡，仅以文化遗存的形态向世人昭示着它曾经的辉煌。文化遗存的价值在于它的历史的原初性，犹如一粒琥珀定格着历史的瞬间，如果将这短暂瞬间串联起来就可以还原一段尘封的历史；文化遗存的价值还在于它历史的丰富性，犹如一块磁石虽经岁月的磨砺，却吸附了足够的“文化信息”，如果将这“信息”逐行扫描就可以展现一段饱经沧桑的丰富而真实的历史阅历。

萨满神衣 一般是由兽皮（狍皮、虎皮、犴皮等）制成，上面通常会绣有各种象征着图腾崇拜的图案，还配有神铃、神镜等。萨满神衣的口袋被称为神袋，是神降落的地方，有时里面也会装着各种各样的神偶。

萨满鼓 在鄂伦春被称为“文吐文”。萨满通过鼓语实现人与神的对话。萨满鼓是扁平的直径50厘米左右的圆形单面鼓，鼓面为狍皮和犴皮制作，鼓架用松木制成。鼓的背面钉有十字皮条作为把手，还装有三个铜环。鼓槌长约一尺，是用狍腿皮包裹鹿筋制成的。

萨满鼓

档式 档式是萨满专门登记神灵的法器。多由松木制成。是一个长约50厘米的四楞棒，上端系有各色的布条。每当萨满跳神之后，便将四楞档式上刻下豁口记下请到的神。豁口多意味着请的神多。据说被登记上的神，永远不离开萨满，始终为他服务。

萨满神话和传说故事 无文字记载的口传萨满神话传说在当下濒临消亡之际经当代一些学者采录、翻译、整理，作为宝贵的文化遗存留下来。徐昌汉、隋书今、庞玉田的《鄂伦春族文学》，隋书今的《鄂伦春民间故事选》，关小云、王宏刚的《鄂伦春萨满教调查》，王肯的《1956鄂伦春手记》以及《塔河民间文学集成》《黑龙江民间文学》等在这方面做出了杰出的贡献。

▲

《鄂伦春族文学》书影

鄂伦春萨满神话的内容，基本围绕第一个萨满、萨满的异能、萨满过阴追魂、萨满的传承等神话母题展开，这些神话母题与萨满的诸神和神偶、神器以及跳神活动的讲述交织在一起，形成了大量关于萨满的神话传说和故事。概括起来有以下几种类型：关于治病萨满的神话、关于送魂萨满的神话、关于善萨满的神话、关于恶萨满的神话、关于萨满变形的神话、关于萨满过阴追魂的神话、关于萨满死而复生的神话、关于萨满之间争斗比法的神话、关于萨满为民除妖的神话、关于萨满助手神的神话。

萨满神话产生的心理根源是原始先民对萨满的无限信仰，以及对自然祖先崇拜的原始观念，它和萨满教紧密联系在一起，是萨满观念和萨满意识在神话形式中的具体体现。

萨满神舞 诚则祭，祭则拜，拜则手舞足蹈，以发崇敬之情。鄂伦春萨满跳神过程中通过歌舞这种形式与神术和神祇相通，代达夙愿，召请善神，驱除邪秽恶魔，以保证氏族或部落的平安和繁衍。

萨满舞蹈是炫目的，鼓手的情绪很高涨。舞蹈的节奏靠鼓点来控制，舞姿因祭祀内容而定，或模拟巫师与妖魔搏斗和媚神、娱神的情景，或再现猎民围猎时的激烈场面。舞者的左手高擎神鼓承接天上神圣的恩泽，通过右手鼓槌传递到世间。以左脚为圆心不停旋转，意味着世间万物生生不息、四季变换和周而复始，在旋转中达到与神合二为一的超脱境界。

如今鄂伦春萨满舞从篝火旁跳上了演出舞台，反映了蕴含着鄂伦春族先民的审美趣味与审美理想的古老文化在当代找到了自然而深入的传承方式，并且伴随着现代化的进程而孕育出新时代的民族文化内涵。

▲

萨满舞

萨满调 鄂伦春族是一个喜爱歌舞的民族，过去以狩猎为生，每当狩猎满载归来，或者民族节日，都要进行歌舞狂欢。“萨满调”是萨满在祭祀时所演唱的歌曲，曲调有独唱、对唱（问答式）、有领、合（帮腔）及多声部混唱等多种形式。表演分跪唱、站唱、坐唱、走唱四种形式，其伴奏乐器只有鼓。在萨满祭祀中，“萨满调”被看作与神交往的重要媒介。当阴魂附身时，萨满往往演唱“萨满调”与阴魂通话，来表现神灵的来历、特质、功能。祭祀中萨满的能力与他们的演唱密不可分，其大多数是出色的民间歌手。在现今的曲目中，能保留下来的传统民间歌曲大多出自他们口中。

居住文化

居住文化不仅仅是民族物质文明的创造，也是精神领域的再现和物化，其中隐藏的民族心理活动更是微妙而精深。正所谓物理人情天道，皆可于砖瓦竹木之中求之。

一些蕴含民族生存理念、表现不同人文色彩的建筑往往成为一个民族的标识。比如，在戈壁草原，有飘着奶香的蒙古包；在山崖水边，有凌空建起的吊脚楼；在吐鲁番盆地，有矗立在炎炎夏日中的土房民居；在天涯海角，有仿佛海中漂荡的“船形屋”；在西双版纳，有干栏式的傣家竹楼；在青藏高原，有垒石为碉的藏族建筑；在兴安岭密林深处，有自由移动的“仙人柱”。

“仙人柱”，又称“斜仁柱”，鄂伦春语意为“木杆房屋”，汉语称撮罗子，它是鄂伦春族游猎时期居住的房屋。

“一座用几根细木杆支起来的圆锥形仙人柱，孤零零靠在一棵歪脖子树跟前。它像一朵枯萎的松蘑，在山风中摇摇欲坠，仙人柱里燃着一堆篝火，浓浓的柴烟，一蹿一蹿地缭绕盘旋。”这是鄂伦春族作家敖长福在《孤独的仙人柱》中的描述。“仙人柱”，它像一座历史的纪念碑，述说着鄂伦春人往日的生活。

逐鸟兽而居

如果按照现代人的希望选择山清水秀的理想居住环境，那么鄂伦春人的居住环境应该符合标准，因为它前有河流、草场，后有茂密山林，阳光可以无遮挡地释放它的温暖，而狂风却因其地势的有效利用而被遮挡了。然而，这么好的居住环境并不是鄂伦春人永久停留的地方，他们最多住上三个月、两个月或十天八天，就要随季节的变化和野兽活动范围的变更而搬迁它地。这就是鄂伦春族沿河流而移动，逐野兽而迁徙的居住特点。

▲

仙人柱

在山林游猎中，鄂伦春人总能找到地势好，水源充足，避风而阳光好的地方，于是他们再次将他们的家——“仙人柱”搭建起来。而且，因季节不同，他们选择居住地所注意的细节也不同。夏季他们会选择生活通风好蚊虫少的地方，“仙人柱”搭建的也比较高，以便空气流通；冬季则选择枯树较多容易取烧柴的地方，“仙人柱”搭建得比较矮以便保暖。但是无论什么季节，这些“仙人柱”一定是距离动物活动范围很近很近，以便于猎民每天去工作——出猎。

鄂伦春人的“仙人柱”仅仅是人类经历穴居、树居时代之后，在地面上产生的一种仍然比较落后的居住方式，但是从中我们可以看到鄂伦春先人对四季变换的认识，对动物习性的熟知，对自然环境的有效利用，这点点滴滴都尽显古人的聪明才智。

搭建“仙人柱”

一个“仙人柱”的建造需要两三个人互相配合，大约几十分

▲

搭建仙人柱

钟一个圆锥形房屋就建成了，这是不是世界上建造最快的房屋呢？“仙人柱”可大可小，根据季节、人口的不同需要而定。大的“仙人柱”内地面积可达8平方米，小的也有4～6平方米。

“仙人柱”的大小取决于材料的长短。制作“仙人柱”的材料完全是就地取材，森林中的桦木杆、桦树皮、芦苇、动物的毛皮都被派上了用场。

首先选择三四十根直径6～7厘米、长5～6米顶端带枝杈的桦木杆，木杆的数量和长度视所建“仙人柱”的大小而定，其中以8根稍粗的主杆立成圆锥形，每根木杆都要埋到土里二寸多深，顶端向中心倾斜互相交叉，套上柳条圈加以固定，再将其他细木杆均匀地搭放在主杆之间，这样形如伞状的房屋骨架就建成了。接下来就是覆盖围子，夏天用桦皮围子，在东南或西南方向留1米高80厘米宽的门，挂上帘子，这样一个通风纳凉又避雨的居住场所就建成了；而冬天只要把桦皮围子换成狍皮，外面覆盖芦苇帘或间隔地压上一根根细木杆防风，底部缝隙用茅草塞严，这样就成了保暖的安身之处。

▲

覆盖狍皮的仙人柱

仙人柱是非常易于拆迁的建筑，鄂伦春猎人游猎迁移时，只

知识链接 **“铁克沙”** 鄂伦春人最初搭建“仙人柱”时，是将剥下的桦树皮（“塔路”）直接一张压一张地覆盖在“仙人柱”的骨架上，用绳索捆牢。这样做比较简单，但因桦树皮比较厚，所以透光性不好。后来鄂伦春妇女将剥下来的桦树皮去结节、剥掉外面凸凹不平的部分，留中间一层桦树皮，然后放入锅中煮2~3个小时，最后缝制成大小不等的桦皮卷，鄂伦春人把它叫作“铁克沙”，将这种“铁克沙”从下到上一层层覆盖在桦木杆周围，仙人柱的透光性就解决了。

把桦树皮围子“铁克沙”拆下来打成卷包好运走，木杆构架就不要了，因为木杆在林中随处可取。到了近代，夏季鄂伦春人的“仙人柱”用各种布料围盖，它的采光效果、抗冰雹、透风的性能都很好。

沟通天地的愿望

“仙人柱”的神奇之处在于顶部留一小口，犹如现代汽车的天窗，用于采光、通风和放烟。每遇雨雪则稍加遮盖，冬天用狍皮做成锥形套，夜晚套在上面，白天取下。

▲ 覆盖桦树皮的仙人柱

可以想象，住在“仙人柱”中鄂伦春人白天抬头可见枝叶婆娑、阳光斑驳、鸟儿掠过；夜晚躺在铺有狍皮褥子的“床”上，放眼可见满天星斗，耳边松涛阵阵，天、地、人、世间万物浑然融为一体。也许鄂伦春人就是在这种与自然相对而视、与自然万物平等对晤交流中萌生了“万物有灵”“生命一体化”的观念，孕育了对自然的无限幻想能力。“七仙女星”“野猪星”“犬星”“弓星和箭星”等星辰命名都是鄂伦春人在长期观天象中想象与感悟的结果。即便遇到恶劣天气，鄂伦春人也不怕，用狍皮做成“锥形套”，他们每遇到雨雪或寒流就把“锥形套”遮盖在仙人柱顶部，天气晴好就会取下。

不息的火塘

在“仙人柱”的中央还有一个常年不灭的火塘，家人在此做饭、进餐、取暖、唠着家常、彼此传递着浓浓的亲情。北方寒冬里的火塘，照亮了夜空，也温暖了平凡而多情的岁月。

▲

仙人柱中的火塘

常年不灭的火塘延续着鄂伦春人的崇火习俗，火不仅给他们带来光明、带来温暖，减少冻死冻伤的人数，而且可以驱逐野兽，防止野兽的入侵，保护自身和后代的生命安全。在深山老林中游动狩猎，迷路是经常发生的，他们可以用火传递信息，联系伙伴，尤其黑夜以火为标志寻求宿处。在篝火旁烧烤、歌舞，欢庆丰收胜利，火给他们的生产生活带来的好处是直观的，可以感受的。火给人以光明、温暖，延续人的生命，调剂人类生活，改变人类生活的环境条件。

知识链接 **鄂伦春火神“透欧博如坎”** 相传古时候有个鄂伦春妇女，生火时乱拨弄，对火堆乱扎乱捅，火星子乱飞。有一天，她想生火却怎么也点不着了，没办法只得到旁边的仙人柱去借火，小心地举着火把走，可一进自己的仙人柱，那火立刻就灭了。只见一位慈祥的老奶奶，满脸都是伤疤，责问妇女为什么对火堆乱扎乱捅，妇女慌忙叩头哀告，老奶奶不见了，火也点燃了。她才想到火也有神呀！从此怕惹火神生气，不敢跨过火堆，不敢乱拨乱捅，不敢倒脏水……年节聚餐，先向火堆倒碗酒，扔块肉，敬敬火神。

如今，神话意识已经渗透到民族生活的行为规范之中，至今仍起作用。

小小的“仙人柱”体现着鄂伦春人与自然山水融为一体的亲密关系，同时它作为人与人、家庭与家庭之间交往、沟通的媒介，已具备了促进人们和谐相处，增加群体的安全感和自我认同等社会组织的功能。

由此我们可以理解鄂伦春人在定居生活之初对现代居所的不适应，尽管现代的砖瓦房更加避风、温暖，但是砖瓦水泥也将人与人之间的距离拉远，人与自然之间多重、丰富的关系也被遮蔽、被割裂，鄂伦春人在听不到松涛怒吼、看不见日月星辰的寂静中无法感到生命与存在，自然会产生极大的心理压抑。

仙人柱中的规矩

鄂伦春族的居住习俗有着固定的尊长敬神和严格的禁忌制度，这反映了鄂伦春族传统文化中的社会结构、伦理思想和宗教观念。

依长幼尊卑安排坐卧 “仙人柱”内主要有三面铺位。正对门的铺位叫作“玛路”，左右两侧是“奥路”。“玛路”是老人和男性客人的居处。左侧“奥路”一般为儿子、儿媳等居处；长辈父母则住右侧“奥路”；男主人只有丧偶后才睡在正面的“玛路”铺位。子孙较多的，结婚后都另搭“仙人柱”挑门分居，留下最小的儿子和长辈住在一起。

故人铺位留一年 若有人故去，其生前所住的铺位要继续为他保留，任何人不能在这里睡觉休息。鄂伦春人认为，人死以后其灵魂不会立刻离开家，直到周年祭的时候才离开，所以只有周年祭之后别人才可以住这个铺位。在此期间，来客人时，客人要把装满烟叶的烟袋放在这个铺位上，以表示向死者敬烟。

鄂伦春博物馆中的仙人柱模型

留客住宿有讲究 鄂伦春族热情好客，有客人来要好酒好菜相待，若是男客人，晚上要将最受推崇的“玛路”铺让给他住；若是女客人，就住在“奥路”铺。若来客是一对夫妇，可在“仙人柱”右边进门的地方搭一个“奥路”来住，主人也可腾出地方或到外找宿住。来客若是本族的晚辈，则要给老年人和长辈请安，落座后，要将老年人的烟袋接过来为老人装烟。如客人是老年人，青年人要先给老年人装烟。平辈人接受请安时要站起来，相互问好。尊重老人和长辈，不论任何场合都长幼有序，是鄂伦春的传统美德。热情好客的习俗也使鄂伦春人形成了良好的适应游猎环境的人际关系。

“仙人柱”建造排一排 鄂伦春人习惯将放有神偶的桦皮盒

挂在“仙人柱”后的树上，所以“仙人柱”后面不许再建“仙人柱”。一个乌力楞的“仙人柱”是排成一横排或弧形，而不能一前一后。迁居时要先将神像移走，到达新居时，也要先安置神位，再搭盖“仙人柱”。

供奉神偶反映了鄂伦春人的自然崇拜观念，他们认为自然界中的一切，山川树木、风雨雷电、日月星辰以及人的生老病死、狩猎的运气等，都有神灵在主宰。为了获得诸神的赐福，他们就向神灵祈祷、敬祭。

鄂伦春人的“仙人柱”中会供奉他们所信仰的神，一般在“玛路”正中的高处悬着四五个桦皮盒，里面供着“博如坎”(神偶)。每次吃饭饮酒时都要敬山神和火神。吃饭时用筷子蘸点食物向上扬一扬，饮酒时用手指蘸点酒向上弹一弹，意思是请诸神先尝一尝。

知识链接 **鄂伦春人的神偶种类** 一种直接是崇拜对象的具体自然物，如太阳神、北斗七星神、风神、闪电神等。一种为绘画神偶，把神像画到布上或皮子上，或用马尾马鬃、其他动物的鬃毛编成人形缝在布或皮子上。这种神偶称为“博如坎”。一种是木刻神偶，称为“毛木贴”，用松木或杨木刻成人形、动物形，平时放在桦树皮盒里。

女人不近神 女人禁止到上方供有神偶的“玛路”上随便坐卧。也不许到“仙人柱”后面去，因为那里也供奉着神偶。

以上各种居住禁忌是人类早期认知状态的表现，是恐惧心理借迷信方式的显现。

空中仓房——“奥伦”

“奥伦”是鄂伦春族的空中阁楼式仓房，在僻静之处选四棵大致等距的树，按所需高度砍去多余的树杈，再选四根横木架上，其上铺垫若干根树枝，形成一个长方形或方形平台，在上面搭一个木架，外覆桦树皮，组成长方体或两面坡式仓库，仓库设一个活动的门，有楼梯可以上下取物。鄂伦春人将暂不用的衣服、被褥，肉干、粮食、野菜、野果及子弹等存在这里。“奥

奥伦

伦”虽属个人家庭所有，但是当别人狩猎没有收获时，也可以到这“奥伦”中取食物，只要告知主人或到时候如数归还即可。

这种储藏工具、衣物、食物的“奥伦”和居住的“仙人柱”，是鄂伦春族对中国建筑艺术的一大丰富，其造型特征与牧业民族的居住与贮藏形式相似，拆卸方便，携带轻松，虽有外观和实用上的差异，但都符合迁徙不定的生活环境。

知识链接 **“奥伦”的传说** 相传有一对夫妇，男的打猎，女的管家。但是男人的脾气非常坏，常常打骂媳妇，即便媳妇承担了晒肉干、熟皮子、做衣服、做饭、放马等所有家务活，也摆脱不了挨打受气局面，于是她决定逃跑，可是在她到“奥伦”中取随身携带的东西时，被丈夫追上，为了不再挨打，媳妇纵身跳下“奥伦”以死抗争，但是，“奥伦”带着她升到了天上，丈夫开枪也只射到了“奥伦”的一根柱子。所以北斗七星的四个角有一个是歪的，另外的三颗星就是“奥伦”的梯子变的。那位媳妇就成了“奥伦博如坎”。从此，鄂伦春人把北斗星称为“奥伦”，每年农历十二月二十三、除夕、正月初一和中秋节的晚上，鄂伦春人都到自家的“奥伦”，燃七炷香，遥祭北斗星。

土窑和木刻楞房子

鄂伦春族世代以游猎为生，逐野兽而迁徙，形成了一种独特的与生态环境和社会环境密切相关的居住文化。木刻楞房子也是鄂伦春族早期的建筑之一，选直径30厘米左右粗的原木，量好尺

木刻楞房子

寸，将每根原木的两面砍平，两端砍成同一规格的凹槽和凸形，然后将砍好的木头一层一层地垛起来，两端连接处咬合在一起，木层之间的缝隙用大泥封死，再搭上房盖、安上门窗就可以住人了。这种房子比土窑子要好得多，不仅敞亮、暖和而且还结实，可以住好多年，因此直到定居时许多鄂伦春人仍然居住这样的房子。

现代化的进程以及党和政府对少数民族的关心使鄂伦春族的居住条件得到了极大的改善，个个猎民村住房都是政府提供的砖瓦结构、宽敞明亮的房屋，生存质量大大提高。房屋以及居住条件的改善，成为这个民族现代化程度的象征。如今“仙人柱”“木刻楞”随着狩猎经济的结束已渐渐远去，偶尔还会出现在鄂伦春老人怀旧的生活中，偶尔也成为吸引游客的观赏性的文化商品。

民间文学

鄂伦春族民间文学十分丰富，神话、传说、故事和民歌以口耳相传的方式广泛流传。对于只有语言没有文字的民族来说，这些民间口头文学是民族历史世代传承的载体，其中所蕴含的史学、人类学、宗教、文化学等等诸多信息，已远远超过其产生之初单纯的文学价值。鄂伦春民间文学作品主要反映了本民族的历史、社会风貌、狩猎生产、风土人情和生活习俗，在全方位地为我们展示鄂伦春族的生存文化的同时，也将这一文化最大限度地积淀下来，浓缩为一幅幅飘散着浓郁民族风情的历史画卷。

起源神话

鄂伦春族的起源神话大致有三方面的内容：一方面是关于宇

宙及某些自然现象起源神话，如《白天为啥比黑夜亮》《达公射日》《北斗星的来历》等；另一方面是关于人类本身起源的神话，如《桦树皮扎人》《男人和女人》等；第三方面是关于氏族、部落和民族起源的神话，如《九姓人来历》《五姓人传说》等。这些神话中包括日月星辰及其运动规律的成因，洪水、造人、姐弟婚、民族迁徙等神话母题，内容十分丰富，具有北方山林特色。故事情节原始质朴，体现了原始神话粗犷古朴的韵味。

萨满神话

鄂伦春萨满神话的内容基本上围绕着第一个萨满，大萨满的异能、萨满过阴追魂、萨满传承等神话母题展开。这些神话母题交织在一起，形成了大量的萨满神话传说。

《尼顺萨满》是鄂伦春族中广为流传的一则萨满神话，它讲述了一个13岁的孩子在随父母打猎过程中因追赶马鹿而疲惫至死，父母痛不欲生，尼顺萨满用飞龙鸟和犴鼻子来请神、跳神。为了求得死者回生，她奔波于天上、人间、阴世，与上天和阴间沟通，终于索回死者的灵魂，显示了高强的本领。这则神话与满族的《尼山萨满传》、赫哲族的《一新萨满》等神话实际上属于同源，反映了历史上各民族间萨满文化的交融，只不过鄂伦春族的《尼顺萨满》在细节上更具有狩猎文化色彩，主人公的身份、生活环境包括请神的物品都完全鄂伦春化。

萨满关扣尼

还有许多萨满神话传说故事讲述了萨满的灵验，比如《汪汪叫》中的萨满帮助人识别好人坏人，老萨满将年轻人变成汪汪叫的小狗，从而看清了他媳妇并非“老实”的本来面目。萨满不仅能为人治病，而且常常以自己的特殊本领帮助人们，《长发桥》中老两口为了给生命垂危的儿子请萨满治病，途中被河水冲走，是女萨满甩长发搭桥救了他们，最后治好他们儿子的病。还有一些神话讲述了萨满预知未来、降妖除怪的事。

知识链接 **神话中的“蟒猊”** 在鄂伦春萨满神话中有一个普遍存在、不可忽视的意象，那就是魔鬼“蟒猊”，他是萨满要努力战胜的强有力的对手。“蟒猊”有三个心脏，九颗脑袋，许多闪着蓝光的眼睛，身躯硕大如山，力大无比，他不仅能摄取人的灵魂，而且也能摄取动物的灵魂。种种对“蟒猊”超强本领讲述的背后隐含着鄂伦春人对于变化莫测的大自然的畏惧和生存环境的忧虑。而萨满降妖除魔勇斗“蟒猊”的故事不仅反映了鄂伦春人同自然危害的抗争，也反映了鄂伦春人争取生存权利的意愿以及对英雄的崇拜。

鄂伦春族神话、传说、故事中智能双全的萨满要经历种种磨难，甚至付出生命的代价，最终“死而复生”，这实际上是对萨满传承过程的诠释，说明只有经历磨难、脱胎换骨，才会成为萨满。

萨满神话产生的心理根源是原始先民对萨满的无限信仰，以及对自然祖先崇拜的原始观念，它和萨满教紧密联系在一起，是萨满观念和萨满意识在神话形式中的具体体现。

神幻传奇故事

浓郁的神幻色彩、丰富的想象力，具有硬性色彩的主人公和离奇曲折的情节结构是此类故事艺术上的突出特点。

《吴达内的故事》是一个具有英雄色彩的神幻故事。古时候一对无儿无女的鄂伦春夫妇向山神祈祷求子，不久女人怀孕，足月后竟产下一枚肉蛋。夫妇俩不忍放弃，把蛋放到山上，盖上桦树皮，希望大地能为他孵出一个儿子。许多天后他们终于如愿以偿，猎人给这个得来不易的儿子取名吴达内，意思是山上的人。无恶不作的蟒猊把兴安岭所有野物的灵魂都关入魔匣带走，断了鄂伦春人的衣食之源。气度非凡的吴达内骑宝马直捣蟒猊老巢，几经波折，终于在拉拉杰卡道姑娘的帮助下，铲除蟒猊，百兽灵魂得以释放。吴达内胜利还乡，同拉拉杰卡道姑娘成婚。

《阿雅莫日根》《阿拉塔聂》《阿拉坦布托的故事》《懂鸟兽语的猎手》《小红马》等故事的主题都是英雄与蟒猊斗争，故事中往往充满了变形、飞腾、神奇宝物、奇异本领、宝马、神箭等情节和内容，主人公多为具有超凡体力和本领的勇士，反面形象则是具有特别能力和邪法的蟒猊等怪物。战斗时此类故事中的一个重要母题，英雄历尽千辛万苦，寻找敌人，并在最后一次激战中把它消灭。婚姻也是此类故事中不可缺少的母题。这类故事表现了正义战胜邪恶，善良战胜凶残的思想倾向，反映了人们美好而崇高的愿望。

婚姻爱情故事

在大部分鄂伦春婚姻爱情故事中，主人公往往由梅花鹿、天鹅、大雁、达子香等变幻而成的，有的则是神仙的女儿，她们愿意与勇敢的猎人结为夫妇。他们历经磨难，最终会以超凡的力量战胜邪恶势力的破坏，获得美满与幸福，如《空改乌娜吉》《狐狸》《大水的故事》《仑巴春巴》，等等。

坚贞不渝、生死相依的爱情是鄂伦春婚姻爱情故事的重要主题。《蒲妹》讲述鄂伦春青年焦彦莫日根与蒲妹相爱的故事。在迎娶蒲妹的途中遇到土龙妖怪摄走38位漂亮姑娘，勇敢的猎手焦彦莫日根杀死土龙妖怪，救出姑娘们，不为姑娘们的美貌与爱慕之情所动，最终通过了岳父所设的三次严峻考验，证明了他对蒲妹忠贞不贰的爱情，故事以大团圆结局。但是也有的故事以悲剧告终，如《忠贞四姐妹》《两棵白桦树的故事》等，故事主人公往往殉情死去，化为双鸟或者变为并生的白桦树，以象征她们坚贞不渝的爱情。

梅花鹿 ▶

狩猎故事

鄂伦春狩猎故事情节紧张，引人入胜，内容幽默风趣，生动传神。故事中的猎手往往具备良好的道德风尚，乐于助人，吃苦耐劳，而且狩猎本领高强，不仅熟悉动物的生活习性，且枪法百发百中。

▲

猎人猎获一头野猪

《毛考代汗猎犴》，讲述了聪明勇敢的猎人毛考代汗与伙伴相约比试狩猎本领，看谁能把一支箭放到公犴的身上而不被公犴发觉。毛考代汗凭借狩猎经验，转向上风头逆风向犴摸去，动作轻捷一举成功。而同伴却惊跑了公犴，懊悔不已。而毛考代汗凭经验判断那只逃跑的公犴必定还会回来吃水中的碱草，于是耐心蹲守，终于猎获了那只公犴。故事记录了猎手对动物习性的细心观察和狩猎中积累的经验，对后人起到了传授经验的作用。

故事《毛义打猎》讲的是毛义狩猎途中发现黑熊攻击一位老猎人，老猎人的生命受到了威胁，他奋不顾身，纵身拦在黑熊面前，与黑熊展开了殊死搏斗，最终以高强的本领战胜了黑熊。故事赞扬了狩猎生活中的团结互助、临危不惧、奋勇救人可贵精神。

还有一些狩猎故事批评和嘲笑了某些猎人的缺点，如贪婪、自私、固执、缺乏远见等等。《养狼的猎人》中希尔吉布幻想着通过养狼，让狼帮助自己猎获动物，从此可以不劳而获，最终得不偿失；《聋猎人》中的猎手由于私心太重，脱离集体单独行动，险些丧命。

社会生活故事

这类故事往往是鄂伦春历史上曾发生的事件的生动记述，是社会变迁的生动写照。故事主人公也许是虚构的，但是故事所涉及的内容都是鄂伦春人曾经历过的。比如《毛义痛打章京》表达了鄂伦春人对坏佐领的痛恨；《毛义教训谙达》反映了鄂伦春人对历史上谙达盘剥的不满，还有《毛义为民除害》《毛义救马》等等，这类故事都是近一二百年流传下来的。

还有一些故事记录了民国期间以及人民政权建立以后发生的事件，如《刚通的传说故事》《逃婚的故事》《头一回下山的故事》《黄毛打日本鬼子》等等。

儿童故事

儿童是这类故事中的主人公，所述大多是儿童感兴趣的事。故事短小活泼，生动有趣，语言富有儿童特点。代表作品《小莫日根除蟒猊》《金刚圈》《波尔哥》《小乌热的故事》等。

《金刚圈》是一个富有童话色彩的故事，老猎人烤制的面圈从篝火中滚出来，要去寻找蟒猊替鄂伦春人报仇，一路花蝴蝶、针、量天尺（一种虫子）、蚂蚁、面糊、锤子加入到金刚圈的复仇队伍，大家齐心合力打死了无恶不作的蟒猊。

《波尔哥》讲述了一个勇敢的小猎手理想的故事。波尔哥非常想拥有象征着幸福、美好和成功的常青树，于是只身前往太阳升起的地方去找寻。途中他救了仙鹤、小鹿、小松鼠，这些小动物也尽全力帮助波尔哥，使他历尽千辛万苦终于带回了常青树种子。波尔哥善良、勇敢、机智、聪敏、富于同情心和不畏艰险的性格特征，对儿童的健康成长起着示范作用。

鄂伦春族儿童

“摩苏昆”

“摩苏昆”是鄂伦春语，意为“讲唱故事”，“含有悲伤地述说或喃喃自述苦情”的意思，多讲唱莫日根英雄故事和自己苦难的身世。演出形式多为一个人徒口表演，没有乐器伴奏，说一段，唱一段，说唱结合。“摩苏昆”来源于生活，同时它的产生与宗教有密切的联系，萨满大多数本身就是讲唱文学的创作者、传播音和继承者。“摩苏昆”是说唱结合的表演形式，曲调不固定，由说唱者自由发挥。故事有长有短，长的要讲上几天甚至十几天，故事人物鲜明。语言生动，情节曲折，引人入胜。

现存“摩苏昆”说唱体代表作品有：《英雄格帕欠》《娃都堪和雅都堪》《波尔卡内莫日根》《布提哈莫日根》《双飞鸟的传说》《鹿的传说》《雅林觉罕和额勒黑汗特尔根吐求亲记》《诺努兰》和《阿尔旦滚蝶》等十余篇。其中有悲壮的英雄故事，有代表忠贞的爱情故事，有受苦难的生活故事，有不甘屈辱的反抗斗争故事等等。那些曲折的故事情节，生动的人物形象，感染力极强，再加上优美的曲调和幽默生动的语言，使听者更加废寝忘食，如醉如痴。“摩苏昆”的文学语言艺术，有流畅、押韵、精练、朴实的特点，在散文和韵文中均有很突出的表现。

知识链接 **《英雄格帕欠》**是目前采集到的篇幅最长的鄂伦春说唱故事，唱词达1900行，10多万字，运用比喻、夸张、排比、借代等多种修辞方法，生动地描述了格帕欠同恶魔斗争的故事，是我国文学宝库中罕见的宏大史诗。鄂伦春歌手李水花、莫宝凤等演唱，孟淑珍翻译的《英雄格帕欠》已由北方出版社于1993年出版。

“摩苏昆”的艺术传承一直以口耳相传的方式进行，著名艺人有莫海亭、李水花、魏金祥、初特温、孟德林等。

“摩苏昆”在形成后的整个20世纪，曾经是鄂伦春族人民重要的娱乐和教化手段，同时又是其民族精神和思想的载体，对于了解和研究包括鄂伦春族在内的北方各渔猎民族的社会、历史、经济、文化和宗教传统意义十分重大。但今天的摩苏昆遭到了现代化的强烈冲击，生存出现危机，亟须加以保护。2006年5月20日，该曲艺经国务院批准列入第一批国家级非物质文化遗产名录。

知识链接 **鄂伦春族被列入国家级非物质文化遗产名录的项目（包括扩展项目）**

279 Ⅴ-43 鄂伦春族摩苏昆
433 Ⅷ-83 桦树皮制作技艺 内蒙古自治区鄂伦春自治旗
461 Ⅸ-13 鄂伦春族古伦木沓节 黑龙江省
606 Ⅱ-107 鄂伦春族民歌 内蒙古自治区鄂伦春自治旗
（鄂伦春族赞达仁） 黑龙江省大兴安岭地区
895 Ⅷ-112 鄂伦春族狍皮制作技艺 内蒙古自治区鄂伦春自治旗
黑龙江省黑河市爱辉区
433 Ⅷ-83 鄂伦春族桦树皮船制作技艺 黑龙江省大兴安岭地区

民歌

鄂伦春族是能歌善舞的民族，用歌声和舞蹈来抒发感情。鄂伦春民歌常常即兴填词演唱，只有非常优美的传统民歌有比较固定的歌词和曲调。民歌的传统形式主要有“赞达仁”“鲁日给嫩”和萨满调等。“赞达仁”多指山体民歌，包括各类小调，具有旋律高亢刚健、悠扬跌宕的特点。“鲁日给嫩”是民间集体舞蹈的伴舞曲调，典型的是《鄂呼兰、德呼兰》。萨满调是萨满在请神、跳神以及进行其他宗教祭拜活动时的曲调，兼有说唱、舞蹈的特点，曲调神秘、粗犷、阴沉。民歌歌词大量反映的是鄂伦春族的游猎生活和婚姻爱情，除此之外，还有在劝酒、定亲、出嫁、祭礼等场合唱的仪式歌。

新中国成立后，鄂伦春族人民创作了不少新民歌。代表作有《我生长在兴安岭》《兴安上的百灵鸟》《探心》《喜欢》《在高山上》《我们高兴地跳起来吧》等，深受人民喜爱。

桦树皮文化

在次北极圈，也就是北纬40°～70°之间，生长着大片的桦木

▲

白桦林

科植物，白桦、黑桦、黄桦、硕桦等多种桦树。这些生命力极强的速生植物以它优美的外形装点着这里的世界，也造福于这里的人们。在遥远的洪荒时代，某位祖先发现了桦树表层是柔软而又富于韧性的纤维组织，可以剥离下来，剥下的桦树皮不仅光滑美观，而且极易造型，于是某种简单实用的桦皮器皿就在这位祖先手中诞生了，这无疑是一种伟大的创造。这种以桦树皮为原料加工生活器皿的创造，经过传播、仿制、因袭和再创造，渐渐成为一种物质文化。随着时间的推移，这种物质文化又被赋予更多的原始审美理念、精神慰藉和信仰崇拜等等。于是一种在固定生态文化环境中产生的古老而独特的民族文化——“桦树皮文化”应运而生。后来的鄂伦春人传承了这一奇特文化，时至今日他们还在生产生活中使用桦树皮制品，并且将这种文化人类学上有“活化石”之誉的桦树皮制品赋予了现代理念，使这种古老的原生态文化有了更深刻的内涵。

彰显智慧的劳动创造

每年初夏时节，是桦树生长旺盛的时期，这时的桦树皮与桦树干之间充满了水分，极易分离。这是剥桦树皮的季节，找一些粗壮、光滑的桦树，根据所需宽度用刀子在桦树上下两端切割一周，然后再竖划一刀，顺着裂开的缝隙用双手很容易就能把一张完整的桦树皮揭下来，而桦树本身并不会受到伤害，不久又会长出新的桦树皮。剥下的树皮放在阴凉处用重物平压数日，桦皮便变得平整了，再剥掉表层白皮，在水中浸泡几天让桦树皮变软，这样的桦树皮就可以加工各种生活用品了。

桦树皮弓囊、狍哨、鹿笛

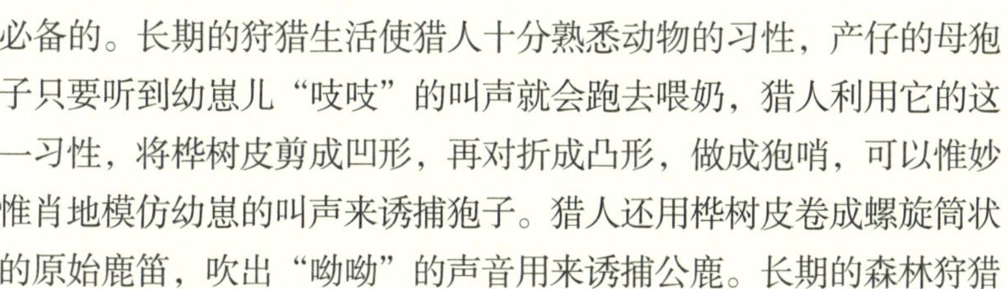

鹿笛

鄂伦春人用桦树皮制作器具大多与渔猎有关，比如装弓箭的弓囊就是用一块桦树皮卷曲成扁筒形状，再将其两端衔接边沿用针线缝合，这样的桦树皮弓囊是每个猎人出猎必备的。长期的狩猎生活使猎人十分熟悉动物的习性，产仔的母狍子只要听到幼崽儿“吱吱”的叫声就会跑去喂奶，猎人利用它的这一习性，将桦树皮剪成凹形，再对折成凸形，做成狍哨，可以惟妙惟肖地模仿幼崽的叫声来诱捕狍子。猎人还用桦树皮卷成螺旋筒状的原始鹿笛，吹出“呦呦”的声音用来诱捕公鹿。长期的森林狩猎经历，让猎人学会了用桦树皮代纸，用木炭在上面绘制狩猎线路、标记方向和野兽出没地，以此传授给同伴或子孙，这就成了早期独特的桦树皮地图。

桦皮船

桦皮船

鄂伦春人在狩猎的闲暇时节也从事捕鱼，他们用桦树皮造船，船体呈梭形，船宽约1米，长约5米。桦皮船（“奥木鲁钦”） 两头翘起的骨架是用松木或桦木做成的，船底和船帮就用大张没有孔洞的桦皮做，再用松木削成的木钉加固各部位。这种桦皮船可载重300～400斤，而船体自身却十分轻便，一个人就能扛走。由于桦皮船船体轻，行驶时声音很小，行驶速度很快，所以猎人经常乘坐桦皮船捕鱼，也常常能猎取到来河边饮水、觅食的野兽。

▲

桦皮篓

桦皮器皿

春夏季采集是渔猎生活的必要补充，心灵手巧的妇女用桦树皮制作很多种采集工具，比如用桦树皮制成的半圆形的“古腰么”，是专门用来采摘都柿的，用“古腰么”抄一两下，一株都柿就可采摘完毕，非常便捷。不仅如此，妇女还用桦树皮制成装植物和浆果的桦皮筒、桦皮篓等等，非常实用。在日常生活中，鄂伦春族也离不开桦树皮器皿，桦皮篓、桦皮碗、桦皮盆、针线盒、烟盒、桦皮箱、桦皮摇篮等等都是他们对桦树皮的利用和再创造。桦树皮制品由于具有轻便、防水、防潮、不怕磕碰、耐用等特性，因而成为伴随游猎民族纵横林海不可或缺的物品。

审美理念与精神寄托

大自然的恩赐与人类的创造相辅相成地演绎了桦树皮文化，人类又赋予它更多的视觉与意识的审美，使它拥有了精神的内涵。

造型　鄂伦春族的桦皮器皿在造型上充分利用桦树皮材料本身纤维组织结构以及它柔韧、易造型的特性，按照生活实际需要变化造型。为了最大限度地收纳衣物，他们制造了富有稳定感的方形、长方形的桦皮箱；而盛装肉干、山珍、野果的器皿多半做成圆筒状；餐具则做成平底、易端放的方形或圆形；收纳细小器物的，如烟盒、针线盒等多半做成便于携带的椭圆形。不同形状的造型，反映了他们对空间观念的认识以及空间想象力和审美情趣。

色彩　在尽可能变化造型的基础上，桦皮制品还注重色彩的运用。他们用野生植物的果汁、叶汁、花汁中黑、红、黄、绿等色彩涂抹装饰桦皮器具，比如他们的桦皮箱上一般都涂上红、黄、黑三种颜色，红色象征姑娘结婚之喜，黄色象征男子成家之喜，黑色象征坚贞的爱情。当女人遭到不幸或守寡时，则在桦皮箱上涂上蓝色或白色。形状审美与色彩审美相结合运用在桦皮器物上，不仅加强了视觉中体验美的意义，也是观念形态、审美意识、心理素质、民俗文化等诸多社会因素的综合体现。

纹饰 纹饰的出现是审美的进一步升华，鄂伦春族的桦皮工艺以它独特、夸张而抽象的纹饰，悄悄传递着古老的信息。这些纹饰大多缘于他们对自然的感悟，因而云纹、花草纹、树形纹、花瓣纹、叶形纹比较常见，也有一些动物图形和几何图形，它们以对称、连续或对应的纹饰装点器物，使其显现对称和谐、疏密相间、变化统一的艺术效果。这些纹饰从一个侧面反映出人们对自然万物的崇拜、对吉祥的祈福，对美好的追求。如鄂伦春族女孩出嫁时，娘家会陪送一个制作精细、刻满饰纹的桦树皮箱，桦皮箱上刻上"南绰罗"或"珠勒都很"花纹，象征着美好、团圆、夫妻永远相伴。而婴儿出生后，父母用桦树皮为他制作精美舒适的摇篮，摇篮上面有的雕刻夫妻相爱、母子嬉戏的图案，有的雕刻象征和平的梅花鹿、象征恩爱的鸳鸯、象征长寿的仙鹤等图案。

桦皮盒上的精美纹饰

这些图案纹饰有的是用桦皮剪贴方式制作的，有的是用特制的骨制压刻工具"托克托温" 压印、剔刻、点刺、打花制作的，还有的是用火钳"烫纹"制作的，这种别致多样、富于变化的技法，使桦树皮工艺具有浑厚、质朴的原始风格，反映了黑龙江三小民族的聪明才智及艺术创造力，增添了桦树皮文化的魅力。

鄂伦春族是一个信奉"万物有灵""自然崇拜"的民族，他们将许多精神的寄托赋予桦树皮，用桦树皮制作神偶、神像、萨满面具和祭祀用品。比如，每年正月十五的晚上鄂伦春人都要祭拜月神，他们用桦树皮制作圆盒盛满清水，以此迎接月神，并以丰富的食物及虔诚的叩拜祈祷月神的保佑。在鄂伦春人眼中，桦树和桦树皮都是有灵性的，桦树皮上画上"翁兖神"，就会帮助猎人排除困难、收获猎物。人死了用桦树皮来裹尸会保护灵魂的安宁……古老的祭祀、丧葬中民俗生活同鄂伦春族桦树皮文化，反映了特定的北方民族的性格与心理。

桦树皮文化的传承

在文化复合趋同占文化演替主流的全球化背景下，伴随着以狩猎为主的经济格局向以农业为主的经济模式的转换，这种桦树皮文化变得越来越薄弱，越来越走向式微。如何帮助人口较少民族实现文化转型、实现在现代化环境中的文化传承，是我们亟待解决的重大课题。

传承人——文化链延续的保证

政府的投入、社会的关注以及鄂伦春族桦树皮文化传承人的自觉，让这种传达着人与自然开放交流、和谐共生理念的桦树皮文化得以传承和延伸。

“桦树皮文化传承人”郭宝林，在制作桦皮船方面具有非凡的技艺，他的家几乎就是一个桦树皮工艺制作、宣传的基地。他毫无保留地向来访的客人介绍鄂伦春桦树皮文化历史、制作工艺，还常常邀请客人乘坐他亲手制作的桦皮船去江河里漂流，感受当年鄂伦春人渔猎的情形。

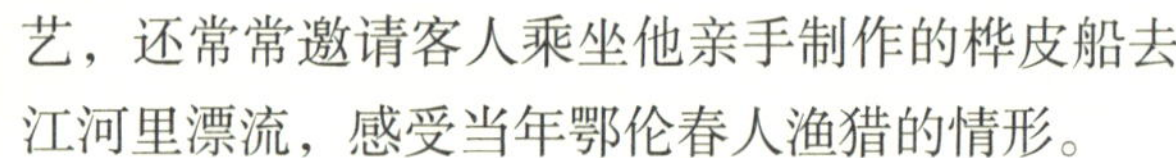

▲

桦树皮文化传承人——郭宝林

鄂伦春第一代女画家莫鸿苇利用桦树皮背面黄褐色的天然色泽，凸凹、曲折的天然纹理，拼凑、组合、镶嵌，把民族传统工艺和现代抽象艺术结合起来，创作了许多记录着鄂伦春民族的神话传说、民间故事、民俗民风等独具民族特色的精美艺术品。

黑龙江省逊克县新鄂乡退休教师陈金来，利用白桦树皮上的苔藓和自然疤节创造桦树皮画，形象生动地再现鄂伦春古朴的原始风貌，以纯艺术的形式把民间传统工艺带进了高雅的艺术殿堂。

大兴安岭白银纳的关桃芳，利用桦树皮创作了一系列反应鄂伦春族狩猎生活的图画，如今这些作品都被收藏在白银纳的鄂伦春族民族展览馆。

莫鸿苇

陈金来的
桦皮画

在新生鄂伦春族乡学习生活过的有达斡尔族血统的郜金凡也被鄂伦春族古老的桦树皮工艺所吸引，她利用桦皮上天然的纹理、色泽、凹凸，甚至断裂、疤节、青苔，进行再创作，刻意雕琢、染色、熏烤、添加、剔除、描画，表现北方地域风情，表达对山乡、森林、雪原的眷恋之情，以对鄂伦春民俗的表现来镌刻鄂乡生活的记忆。

民间艺人
陶丹丹

曾经荣获“中国十大民间艺人”荣誉称号的黑河姑娘陶丹丹，走访了大、小兴安岭鄂伦春民族聚居地以及内蒙古额尔古纳和俄罗斯等地，对桦皮作品的历史文化及工艺制品进行全面考察和学习，于2003年创办了托阔罗桦艺工作室。陶丹丹利用白桦树皮的自然纹理，用手工镶嵌、粘贴等方法创作了大量桦树皮工艺品，获国家专利，十余幅作品被黑龙江博物馆收藏。

在北方山林里出生、在桦树林里长大的刘恒甫，自幼饱览了刻制桦皮画的全过程，他常把桦皮当纸，涂抹成画。艺术学院的专业学习使他具有更高的技艺，他揣摩和研究传统桦皮画，裁剪和蒸煮各种桦皮质料，在继承传统技艺的基础上，运用“变形的技法”把桦皮画刻制得更加细腻、更加自然、更加富于神韵，让原始艺术实现向现代化的演进。

民俗博物馆——为文化传承搭建平台

除了文化传承人的努力之外，兴建博物馆也是保护、传承民族文化的一个重要方式。它建构一种超越民间、超越实用、超越商业的民族传统文化的独立展示平台，让饱尝现代文明困扰的人回顾质朴与纯真，产生对艺术创造的敬仰和信赖；让北方各民族文化的艺术精品能够在各方面条件良好的环境气氛中得以集中展示、保护、弘扬与传播。

鄂伦春民俗博物馆

文学——为民族文化树碑立传

文学对于民族传统文化的传承有着不可忽视的作用，这既包括口耳相传的口头民间文学创作，也包括现代民族作家有意识的文学写作。

鄂伦春族有句民谚："老人不说古，后人离了谱。"他们喜欢将本民族的传统、习俗、信仰通过生动的讲述传授给子孙后代，一些有关桦树皮文化的传说也在他们围坐的篝火旁一代一代地流传。

黑龙江省逊克县流传着《桦皮图的故事》。"桦皮图"作为山神赠予的灵物，不仅让猎人收获了猎物，还在他们遭遇洪水灾难的时候变成桦皮船，将他们送到青山绿水的好地方生活。万物有灵的视角让鄂伦春人将桦树皮神化，寄托他们对美好生活的向往和对桦树皮深深的依恋。

鄂伦春族民间传说中，有的故事将白桦树以及桦树皮制品作为美好而高尚情感的象征；有的传说讲述真心相恋的人，以死争取婚姻自由，最后化作两棵白桦树；有的传说把白桦林的存在作为神的意愿的见证，传达猎人世代追求和睦相处的意愿。

底蕴深厚的民族文化以口承叙事的方式得以流传，同时也滋养了当代民族作家，为他们提供了文学创作的灵感，他们在对历史的感悟中认知古老的文化，表现古老的文化。比如鄂伦春族作家敖长福的作品全部取材于鄂伦春猎民的生活，对桦树皮文化的描写也随处可见。这一切寄托了作者对故乡特有的深情，也让我们体会到：白桦林就是鄂伦春人的摇篮。

旅游——传统工艺走向世界的契机

民间特色工艺是可以作为一种特色资源开发和利用的，也能够作为特色商品来营销。由于各民族之间具有的差异性，无论是南方民族的民间文化还是北方民族的民间文化，都能够拥有自己的一片市场空间。只要找准定位，在市场上形成差异中的“稀缺价值”，就能凭借自身特色和文化内涵形成产业。鄂伦春族的桦皮制品伴随旅游而重新复兴，种类明显增多，并走向装饰性与实用性的统一。除原有传统制品种类外，还增加了背包、扇子、笔筒、首饰盒、发饰、花盆、玩具桦皮船、玩具摇篮等。在形状方面，除了原有的方形、圆柱体外，又增加了菱形、心形、扇形、多边形，还出现了不同形状的组合形。在图案方面，内容大大增加，远远超过了原有的传统图案。一些以开发民族的传统工艺品为主的工厂也陆续兴建起来，以机械来完善印花、烫花技术，把过去零散的经营统一化、规模化。这如同南方的机械制陶与慢轮手工制陶工艺并存的局面一样，既保证传统工艺的传承又满足市场的需求。

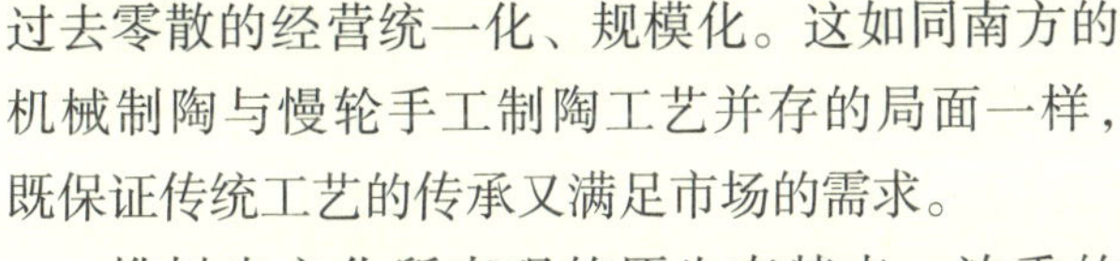

桦树皮文化所表现的原生态特点、浓重的人性化、情感化及民族文化多样性特征让我们有可能鉴赏和研究人类走过的文化足迹，感悟先人种种梦幻的价值。保护和弘扬桦树皮文化也是为子孙后代保留民族文化的宝贵记忆，实现民族文化在当代的继承、创新和发展。

制作桦树皮工艺品的鄂伦春艺人

图腾文化

图腾文化暗含着民族文明的密码。古老而奇特的图腾文化以万物有灵的信仰视角，表达着古人对自然的尊崇和敬畏，反映了古人生存的意志，承载着古人精神的寄托。

富有地域特色的图腾标志

也许我们无法描摹鄂伦春族祖先所生活的自然环境，但是我们从他们极富地域特色的图腾标志可以想象那时的自然环境是独特的，因为图腾标志的选择必然源于他们生活中必不可少的条件，源于周围自然环境中的动植物群。这些图腾标志昭示着先民们与这片山水融为一体的亲密关系，体现着他们对变幻万千的大自然的感悟、对动植物强大生命力的惊叹、对万物繁衍奥秘的不解以及对拥有支配自然能力的憧憬和幻想。

熊是经常出没于北方森林中的动物，熊的许多行为、特征与人非常相像，如能直立行走、能用前爪抓取食物、性器官也与人相似，因而在人类蒙昧时期许多民族都认为人与熊有某种亲缘关系，进而把熊视为氏族图腾加以崇拜。老虎也是鄂伦春人生活环境中最为常见的动物，鄂伦春人称虎为“博如坎”，即神的意思。这源于一个具有图腾意义传说：古时候有几个猎人共同出猎，其中有个小猎手为老虎拔出了扎在掌心的刺，于是虎衔来了犴、狍子等猎物扔给小猎手。从此猎人们都开始尊敬地称老虎为“博如坎”，认为只要尊重老虎，老虎也会保佑人们。在鄂伦春族古代狩猎时代，鹿及鹿科野生动物与他们原始狩猎生活密切相连，是他们衣食住行的主要资源。我们在“鹿退去皮变成美丽青年男女”的故事中、在流传下来的鹿神偶、萨满双鹿角和双耳神帽中都可以找到鹿崇拜的痕迹。

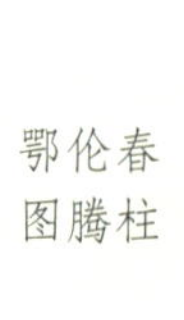

鄂伦春图腾柱

任何一个民族的图腾都不是单一的，而是随着生产力的发展和历史进程的推进而交融演变着。根据考古学和民族学资料，鄂伦春族崇拜熊、狐狸、虎以及树木等。这些动植物构成鄂伦春族生活的生态圈，因而具有鲜明的地域特色，鄂伦春族祖先将它们作为图腾标志是自然的选择。

图腾禁忌——无形的原始法律

因敬畏而生的图腾禁忌，最初表现为对图腾的敬重、禁捕、禁杀，甚至禁止触摸、注视，甚至不准提图腾的名字。这种图腾禁忌约束着人们的行为，成为人们无条件恪守的规则。古代的鄂伦春族以熊、狼、貂为图腾，他们称公熊为“雅亚”（祖父），称母熊为“太贴”（祖母）；称狼为“额古德阿木嘎其”（大嘴），他们把图腾视为神圣不可侵犯的，是人们心目中伟大的“祖先”或“神”。随着人类对自然认识的提高，这种图腾禁忌也随之变化和发展。生存的需要使他们不得不猎杀图腾动物，为了释放心中的恐慌与不安，他们便以一种约定的仪式来延续这种图腾禁忌。鄂伦春族对于被打死的熊忌讳说“死”字，而只能说“阿提日坎阿帕恰”（意思是老爷子睡着了）。最后还要举行隆重的树葬熊骨仪式：用柳树条子捆熊骨，安葬于高树的树杈上，人们假哭致哀，还要磕头。他们通过对熊骨的风葬，表达他们对熊灵的祭奠、安慰与祈祷，希望熊灵在保佑他们生命的同时，还给他们的狩猎带来好运。

熊塑像

图腾禁忌还表现在，以图腾划分的部落，对于长期的狩猎生产中自然形成的狩猎区域互不侵占，猎手们很少到其他部落的狩猎区去活动，如果不小心遇到也绝不彼此驱赶，后到者会主动退出，或者前者相邀一起狩猎或平分猎物。这一禁忌逐渐成为习惯被一代又一代地传承下来，遵守着。

图腾神话和图腾艺术

伴随着人类语言的发展、叙事能力及表现能力的增强，鄂伦春族产生了口头传承图腾文化的图腾神话以及表现图腾信仰的图腾艺术，这些生动传神的图腾神话、图腾艺术让我们有可能窥视原始人类心灵深处的秘密，揭示其精神实质，并且从另一个角度佐证历史学、人类学、民族学、考古学等方面的研究。

鄂伦春族的图腾神话丰富多彩，有一种原始、古朴的美感。由于鄂伦春族在20世纪中期还保存着比较原始的原生态生活习俗，所以这种图腾神话通过人们的口传心授得以流传下来。20世纪50年代，特别是近几年的多次深入调查、搜集整理，这些图腾神话被结集成册出版，比如《鄂伦春族文学》《鄂伦春狩猎民俗与艺术》等。更有一些研究者对老艺人的讲述进行了录音、录像，这种口述实录的研究方法，保存了神话故事的原汁原味和生动传神。由于鄂伦春族只有语言没有文字，所以这些工作对于梳理鄂伦春族自身文明发展的脉络和特征意义十分重大。

熊

图腾神话是受图腾观念影响而产生的人类最早的神话，它更多地反映了古人对自然和生命现象的崇拜。

神话《熊的传说》形象生动地讲述了“猎人与母熊生子，成为鄂伦春族祖先”的故事，这种人兽婚图腾神话母题是早期人类对于自身起源的意象表达，反映了古人所见、所感、所思，以及体验和探求，是他们面对许多自然现象无可奈何时产生的关于世界的根本观点：即控制整个世界的不是“人”本身，而是某些与他们命运相关的生物。相对于人类的蛮荒时代，这种朴素中透着浪漫的图腾神话代表着原始的文明。

老虎素有“百兽之王”的称号，鄂

伦春人视虎为山神，称它为“乌塔其”。一些有关虎的神话中，老虎善解人意，能口吐人言，有时还会变成白胡子老人给人以帮助，人施恩与虎，虎知恩图报的情节很普遍。神话《古善和老虎》讲述古时候有几个猎人共同出猎，其中有个小猎手为老虎拔出了扎在掌心的刺，于是虎衔来了犴、狍子等猎物扔给小猎手。

虎

神话《为啥崇拜白那恰》讲述鄂伦春人祖先的部落在受到魔鬼侵扰的时候，是白那恰从天上飞来，教会了他们如何驱除魔鬼，用弓箭狩猎。从此飞禽走兽向往森林，鄂伦春人崇拜白那恰。鄂伦春人每当出猎时不但要向山神祭拜，甚至凡是路过山神标志的人，都要敬酒祭拜，以祈求平安。这反映了人类最初对于自然的理解和认识。

鄂伦春族从古代流传下来的《斗熊舞》就是具有图腾意义的舞蹈艺术，通过模仿黑熊在激烈搏斗时的动作来表达对熊图腾的崇敬和希望获得图腾庇护的愿望，显示了人们向往获得像图腾那样英勇强悍的力量以战胜自然的心理渴望。还有鄂伦春人的狍皮衣、狍皮帽，萨满服饰上的以熊毛、獐毛搓成的绳饰等，都是具有图腾意义的原始造型艺术。

斗熊舞

第五章
名人轶事

生命中总有一些人、一些事是不该忘记的。那些雨后彩虹般璀璨过的人，那些生活中积淀下来的事，如记忆深处的那粒种子等待破土而出的萌芽。

在这一章节中请与我一起爬梳往事，了解鄂伦春历史上重要的人生传奇、民族记忆。记住那些口头文学、表演艺术、手工技艺、民间知识等非物质文化遗产项目的重要承载者和传递者。他们以超人的才智、灵性，贮存着、掌握着、传承着文化传统和精湛的技艺，他们既是非物质文化遗产的活的宝库，又是非物质文化遗产代代相传的“接力赛”中处在当代起跑点上的“执棒者”和代表人物。

刚通事件

刚通（1865-1923），姓关，瑷珲县人。清朝、民国时期曾任库玛尔路镶黄旗领催、骁骑校、正蓝旗头佐领，精通满文。获库玛尔四、五等勋章。

刚通是位心中有鄂伦春猎人的佐领，他反对奸商血腥地压榨盘剥猎人，1923年刚通组织库玛尔路一带的鄂伦春族人共举反抗奸商的大旗。整个斗争四月起事，历时8个多月，波及呼玛、漠河两县上下千余里。最多时有100余户400多名鄂伦春族人民参加。但是因为刚通反对乱杀商人而遭误解最终被杀害。这场打击汉族奸商欺压的反抗斗争，惊动了呼、漠二县知事、黑河道尹、黑龙江督军，历史上称之为“刚通事件”。

率众反抗谙达的吴滚都善

吴滚都善(1883-1934)，原系黑龙江北精奇里江人， 1922年他与数十名鄂伦春族猎民携家眷由精奇里江一带到黑龙江南岸定居，途中曾遭一伙“谙达”奸商的持枪抢劫，不仅将他们的枪械、马匹等物品掠走，并且杀死包括吴滚都善弟弟在内的9名鄂伦春族猎民。

佐领刚通多次将此事呈文报官府要求惩治劫匪,但终无结果。于是1923年2月吴滚都善联络深受“谙达”奸商欺压盘剥的鄂伦春族猎民50余人，在佐领刚通的支持下毅然举行了暴动。由于杀奸商密谋被泄露，所以多数奸商已逃离，愤怒的猎民们只打死奸商3人，然后焚烧奸商房屋，店铺数座，并夺回被抢走的枪械、马匹等物品。后追剿奸商到呼玛尔河一带，并得到百余名猎民的响应，又杀死奸商多人。当暴动的猎民们来到卡不那余庆分公司时，遇到佐署巡长伊焕章等人。佐领刚通希望伊巡长转告上府，猎民暴动迫不得已，望能谅解。但巡长态度蛮横，不予理睬，并以武力相威胁。吴滚都善等猎民听后十分气愤，遂将伊巡长等人杀死。此时，佐领刚通唯恐事态继续扩大而不可收拾，便劝阻猎民适可而止，报官自首。吴滚都善视刚通欲叛变，便命心腹将刚通乱枪打死，扔进呼玛尔河水中，谎称刚通因酒醉溺水而死。之后，吴滚都善率暴动的猎民携家眷进入山林，周旋于呼玛尔河、盘古河、塔河等地，袭击军警、劫杀奸商，到七八月份，队伍已发展到300余人。如此大规模的猎民暴动，在鄂伦春族的历史上是罕见的，黑龙江省行政公署官员们受到极大的震惊，几次派军警镇压，结果均受到重创，致使矛盾加剧。为防止事态进一步扩大，黑龙江省公署权衡利弊，最后不得不承认，这次猎民暴乱纯系被散商欺逼所致，因而决定用招抚的办法来平息这次暴动，并采取几项招抚措施，如:设立专站，以资猎民公平交易，并设关卡，严禁散商进山；明令豁免鄂伦春族猎民所欠散商的一切债务，对参与暴动的猎民既往不咎；并对吴滚都善等人根据归顺功绩而任命官职；分配食物，以恤饥困等。有了这些条件，暴动的鄂伦春族猎民纷纷下山受抚，招抚措施收到了预期效果。这样，以吴滚都善为首的鄂伦春族猎民为争取民族平等权利和生存权利而掀起的武装斗争结束了。为进一步安抚鄂伦春族，吴滚都善被任命为库玛尔路鄂伦春正蓝旗二佐佐领职务。他自接任佐领之后，在库玛尔路鄂伦春族中享有很高的威望，他的英雄事迹也在鄂伦春族群众中世代相传。

鄂伦春“兴学”第一人：保忠

保忠（1864—1928）是一位佐领，历任领催、骁骑校和佐领。他任佐领一职30多年，晚年时他积极倡导和组织“屯垦”“兴学”，他是鄂伦春族历史上第一个“兴学”的积极倡导者和组织者兼任劝学员。他强烈要求在鄂伦春族聚居地区附近兴办学校，并为兴办和维持巩固鄂伦春族的学校，先后行文达数十余件。在这些来往行文中，表述了他的办学思想。他认为“教育为万事之母，而广教深造尤为立教之原义”，认为自民国初年“督耕设学以来”，使散居山野的“浑噩”的鄂伦春民族“暂知耕读为谋生第一要义”，使进学校读书的鄂伦春族儿童，“较往昔与逐鹿同游者，迥有天壤之别”，并认为兴办教育是为了使鄂伦春族“以资教育而便进化”，这种认识在当时是难能可贵的。为了进一步发展鄂伦春族的教育事业，解决鄂伦春族学校中存在的问题，加强管理、督促学习，保证学生巩固率、完成学业，他自己不顾辛劳担当起劝学这一意义重大的工作，这对鄂伦春民族教育事业的发展起了至关重要的作用。

著名民间口头文学家：孟古古善

孟古古善

孟古古善（1874–1959），原名玛涅依尔·乌理善。生于黑龙江省呼玛县库玛尔河流域。孟古古善是鄂伦春族著名的民间口头文学家、故事家、演唱家，被公认为“鄂伦春族的活历史”“大兴安岭的活地图”，在文学艺术界享有盛名。

19世纪末，孟古古善应征到清兵营中当兵。参加过刚通领导的反官府、反“谙达”的斗争。1945年，孟古古善在解放军剿匪行动中担当向导。鄂伦春族下山定居时，孟古古善定居于塔河县十八站民族乡。

1955—1959年，八十多岁高龄的孟古古善老人热情接待了中央、内蒙古、黑龙江的社会历史、文学、文艺调查组及作者、记者的采访，毫无保留地讲述和演唱了鄂伦春人古老的民间文学作品，为民族、为祖国的文化宝库抢救了一大笔文学遗产。《鄂伦春族民间故事选》共收录故事87篇，其中孟古古善口述的就有16篇，如《吴达内的故事》《龙头山传说》《猴头蘑的传说》《古善与狡猾的狐狸》《乌娜杰逃婚》等。

后人将孟古古善生前讲述的故事和传说整理出版，发表在《北方文学》《黑龙江艺术》等刊物，有的被选入《中国少数民族民间故事选》。

1959年冬，孟古古善在上山打猎途中不幸坠马身亡，享年85岁。

鄂伦春族领袖人物：贵德布

贵德布（1905-1974），鄂伦春族领袖人物之一，内蒙古莫力达瓦旗多布库尔河爱里人。幼时随父狩猎，练就一身能骑善射的本领。日本侵占东北地区后，他于1935—1945年任齐齐岭（鄂伦春旗境内）日本特务机关小队长。日本投降后，一度受地主和反动分子的欺骗，组织“民族自卫团”，并任团长。1947年，鄂伦春人在巴彦旗举行会议商讨未来去向。此时，中国共产党的政策已广为宣传，引起头领人物的重视。于是，会议决定派贵德布等人与对方接触。1948年初，他与“民族自卫团”脱离关系，参加工作，先后任大杨树甘奎努图克副努图克达、鄂伦春旗副旗长、旗长、旗政协副主席，当选为内蒙古呼伦贝尔盟政协委员、内蒙古第二、第三届人民代表大会代表，内蒙古自治区人民委员会委员。

与“抗联”结义的盖山

盖山（？—1941），生于贫困的猎民家庭。他出生7个月时，父母搬到新猎场，不幸引火成灾，烧毁了全部家当和仅有的两匹马。为求生存，父母忍痛将他卖给别人。7年后，舅舅用4匹猎马把他赎回。

清末，清政府为加强统治，安抚边境，在鄂伦春人中选拔佐领时，盖山被选中。他代表本民族利益，常向当局反映鄂伦春人的困难境遇。

盖山一家在东北抗日时期，为抗联引路、报信，在共同抗日的战斗中与抗联战士们结下了深厚友谊。

1941年7月，活动在嫩江流域毕拉河地区的东北抗日联军第三路军三支队王明贵部，与鄂伦春族佐领盖山偶遇。在与王明贵的交往和开导下，他们意气相投、心气相通。王明贵向盖山谈了支队决定："为了共同抗日，我们愿意和你们结拜义兄弟，同生死共患难！"盖山听后点头赞同。盖山想起鄂伦春人中流传的格言："真诚的朋友，比金子更珍贵。"现在来了真诚的朋友，因此，他十分重视这次结义大事，当即在林中空地升起了篝火。按江湖规矩，焚草为香，结拜为兄弟，每人一份名谱。老大：盖山（鄂伦春族部落佐领）；老二：义尔格程（鄂伦春族）；老三：额勒格苏（达斡尔族）；老四：孟长寿（鄂伦春族）；老五：廷宝（鄂伦春族）；老六：伦布列（鄂伦春族）；老七：王明贵（汉族、三支队队长）；老八：兴元（鄂伦春族）；老九：高邦华（汉族、三支队干部），老十：陈雷（汉族、三支队政委、新中国成立后任黑龙江省省长）；老十一：安永化（朝鲜族、三支队干部）。

盖山与王明贵率领的东北抗联第三路军三支队共同抗日，配合作战，为了帮助抗联战士熬过严冬，盖山和他的女儿占珠梅发动全乌力楞的妇女，拿出狍子皮，为战士缝制皮衣、皮手套，还给战士送兽肉，鼓舞队伍的士气。

团结抗战胜利纪念碑

今天，在鄂伦春自治旗所在地阿里河的库图尔其广场有一座"团结抗战胜利纪念碑"。纪念碑是为纪念鄂伦春民族英雄盖山、义尔格程、廷宝、伦布列和抗联的王明贵、陈雷等11位抗日将士树立的丰碑；是鄂伦春自治旗革命传统教育基地，供游人瞻仰缅怀，发奋励志。碑文是原黑龙江省省长、省委书记、中顾委委员陈雷同志的墨宝。

毛主席接见过的鄂伦春人：葛德鸿

葛德鸿（1917—1994），黑龙江省瑷珲县人，小学文化。1988年加入中国共产党。在"日伪"时期，曾在日本人管理的金矿当过护勇（矿警）和矿长的亲兵，也曾在"伪山林自卫队"任职。后随部落游猎到鄂伦春旗的古里河流域。1947年夏至1948年春，受国民党残余武装头目及特务分子的胁迫利诱，葛德鸿曾一度加入光复军，参与过骚扰我党领导的原巴彦旗建政土改运动的活动。1948年4月，经原巴彦旗旗长白斯古郎、四十三团政委沙驼等人的说服教育，受党的政策感召毅然与头人贵勒、贵德布一起统领多布库尔、甘河、古里、奎勒河流域各部落鄂伦春族猎民摆脱光复军的控制，接受共产党的领导，成为我党团结教育鄂伦春民族的第一代依靠力量之一。

1948年7月，原巴彦旗在朝阳设立鄂伦春努图克（原甘奎努图克前身），葛德鸿被任命为古里高鲁高鲁达（部落长）。1951—1956年，曾任巴彦旗供销社副主任、主任职务。1956年10月，任旗人民委员会副旗长。“文化大革命”期间，身心遭受严重摧残。恢复工作后，于1979年5月任巴彦旗革委会副主任。1981年任旗政协主席。后又曾任呼伦贝尔盟政协五、六届副主席。1991年离休。葛德鸿待人亲善、处事公正，狩猎技术出众，在猎民中声望极高。参加工作以来，他以身作则率先移风易俗，带头贯彻“护养猎并举”的方针，积极倡导改变“放火引兽”和单一狩猎等古老的生产方式，改变传统落后的生活习俗，教育猎民接受先进的思想文化，教育鄂伦春族干部群众要尊重和团结兄弟民族，在民族平等、团结互助中求得更快发展。1950年，葛德鸿参加国庆观礼，受到毛主席等党和国家领导人的亲切接见，并收到毛主席赠送的一顶蓝色呢料解放帽和一套制服。全国政协六届三次会议召开时，葛德鸿因病未能出席，全国政协主席邓颖超得知后曾亲自给内蒙古自治区党委打电话询问其病情。全国政协六届五次会议，葛德鸿因病住进了北京医院，邓颖超主席曾派秘书携带慰问品前往医院探望。

葛德鸿曾当选为内蒙古自治区人大代表、第四届全国人大代表及第四届全国人大民族委员会委员，曾出席内蒙古自治区政协会议和第五、六、七届全国政协会议。葛德鸿于1994年病逝。

《最后的山神》的主人公孟金福

孟金福（1927—2000），黑龙江省塔河县人，猎民、萨满、民间故事能手、民歌手。他和妻子丁桂芹常年居住在大兴安岭的深林中，过着几近原始的生活。靠天吃饭的他对天地万物、自然生灵保有最虔诚的敬畏。他会在树上刻出山神的模样，然后将打到的猎物分出一点献给山神，祈求一家平安无忧。在20世纪50

▲

孟金福

年代，人民政府曾帮助鄂伦春族同胞走出森林，到定居点居住。然而，自幼生活在山林中的孟金福最终带着妻子回到森林，靠打猎为生。1985年，孟金福协助省、地、县民俗采风组，讲述了《狐狸身上为什么有一股臭气》《大马哈鱼的来历》《古落——仁》《犴达罕的来历》等故事，经整理发表在《塔河民间故事集成》里。一部人类学纪录片《最后的山神》让孟金福的名字享誉中外。影片真实记录了像孟金福那样老一代鄂伦春猎人对山林的眷恋。该片获1993年国际“亚广联”电视大奖。1992年至1993年，孟金福参加了由中央民族大学电教中心拍摄的《兴安猎神——鄂伦春》电视系列片。这部片子记录了鄂伦春族的狩猎、捕鱼、采集、宗教信仰、桦皮制品和手工制品等方面的情况，再现了鄂伦春族的民族文化，为鄂伦春族留下了珍贵的历史记忆。

知识链接 **《最后的山神》**是孙增田于1992年拍摄的一部纪录片，它记录了大兴安岭鄂伦春人孟金福夫妇在山林中的生活，它让我们走进了一个游牧民族的内心世界——“以自然万物为神灵，日月水火，山林草木，都可以成为他们膜拜的对象。”

或许，这部纪录片表面上只是记录了他们夫妇的生活，但是从中却反映了一个民族的没落，我们生存的这个世界，正在接受各种潮流、各种文化的冲击。总会有一些东西被这种冲击所淡化。人类在变化，最重要的就是人们思想的变化。那种原始的生活方式正在走向没落，被那些所谓先进的、文明的东西不断地销蚀，会跳萨满舞的也只剩下那么几个老辈的人了。而不同代的人对森林的感情也在变化，新一代的人们对森林早已不再有那种神秘的崇拜，森林在他们眼中就是一片森林，早已没有了他们的神灵、他们的崇拜。他们不再认为生活的美好是神灵的赐予，更不会再去向他们的老一辈那样，在一棵树上刻出一副神的面孔而去顶礼膜拜。

其中有一个情节很令人伤感，一棵刻有神灵画像的树被砍伐了，孟金福心情很沉重地独自坐在树桩旁边。好久都没有再去森林里狩猎，这应该是他们心中的最朴素的原始意识，他的信仰被动摇。他怎么能够接受这样的现实呢？

民族的变迁，世事的更改。一种潜在的文明在世界各种大潮的冲击中的消失。

鄂伦春著名作家：敖长福

敖长福

敖长福，笔名乌仁尼贝亚。1940年出生，黑龙江爱辉人。中共党员。在鄂伦春族的创作文学中，敖长福是最重要的名字。

“仙人柱”里挂的桦皮摇篮是他的婴儿床，母亲在他摇篮旁哼唱的是地道的鄂伦春民歌和摇篮曲。童年时，他被母亲和长辈们丰富多彩、身亲动人的神话传说、英雄故事、民歌小唱所深深吸引。自幼便接受了民族的无比丰富的民间文学的启蒙教育，这些对于他的想象力及驾驭文字能力的发展都起了不可替代的作用。

1957年毕业于齐齐哈尔民族师范，1984年又毕业于内蒙古师范大学文学研究生班。历任逊克县中学教师，古里努吐克秘书，古里乡党委副书记，旗文联副主席、主席，旗委宣传部副部长，旗广电局局长，旗政协副主席、研究会秘书长，呼伦贝尔盟作协主席，专业作家。1982年开始发表作品。1999年加入中国作家协会。文学创作一级。著有小说集《猎刀》，报告文学集《昨日的猎乡》，短篇小说《孤独的仙人柱》等。短篇小说《猎人之路》获全国第二届少数民族文学创作二等奖、内蒙古首届索龙嘎三等奖，《阿美杰》获呼盟首届文学创作骏马奖三等奖，报告文学《比生命更宝贵的……》获1984年全国少数民族团结征文三等奖，电视剧剧本《天神不怪罪的人》获国内国际四项奖。

鄂伦春民间文化传承第一人：莫宝凤

莫宝凤，女，1936年出生，鄂伦春民间文化传承人，是鄂伦春族桦树皮镶嵌画、鄂伦春族赞达仁以及鄂伦春族萨满舞、日格仁舞的传人。莫宝凤的歌词具有韵律合宜、语言精练、和谐优美

莫宝凤

的特点，故事形象夸张、语言诙谐、比喻恰当，讲述时风趣生动，使现场气氛轻松热烈。莫宝凤讲唱的口头作品已被记录整理的有多部长篇叙事作品和几十个短篇故事歌谣。其中，包括《英雄格帕欠》（《莫日根说唱故事》）、《双飞鸟的传说》《鹿的传说》《雅林觉罕和额勒黑罕》等。民间文艺家协会的有关人士介绍，莫宝凤掌握的鄂伦春族民间文化和手工技艺制作是世代相传，因而具有很高的学术研究价值，对鄂伦春民族和北方通古斯语系的各民族的语言学、历史学、民俗学研究尤为重要。

2007年6月，逊克县新鄂鄂伦春民族乡新鄂村鄂伦春族人莫宝凤被中国文学艺术界联合会、中国民间文艺家协会命名为“中国民间文化杰出传承人”。2008年1月，文化部、中国非物质文化遗产保护中心正式批准莫宝凤为第二批“国家级非物质文化遗产传承人”。2007年10月，在黑河市举办的黑龙江省国家级非物质文化遗产鄂伦春族“摩苏昆”第一期说唱培训班上，莫宝凤以她那娴熟的讲唱技巧和独特的表演风格赢得了学员们的高度赞扬……

鄂伦春萨满舞传承人：关扣尼

关扣尼，女，鄂伦春族倭勒河部落的古拉依尔氏族，1935年出生于大兴安岭溪尔气根河流域，鄂伦春族萨满舞蹈艺术家、萨满文化传承人。

萨满舞俗称“跳神”，是巫师在祭祀、请神、治病等活动中的舞蹈表演，属于图腾崇拜、万物有灵宗教观念的原始舞蹈，至今在蒙古、满、锡伯、赫哲、达斡尔、鄂伦春、鄂温克及维吾尔、哈萨克、柯尔克孜等族群中仍有遗存。萨满舞蹈开始时，由专人为萨满穿神衣、戴神帽，以示神灵和对萨满的尊重。为了保证仪式中神鼓敲起来清脆而响亮，还要有专人蒙制神鼓。

萨满舞的文化特征体现在与萨满教有关的神话故事、请神的唱词、鼓的击打与各种法器的运用之中。萨满舞的动作是人们在母系氏族社会向父系氏族社会发展阶段对原始渔猎、采集、原始农耕、牧畜等劳动生活的反映，对动物、植物等作为图腾的原始观念的反映。

1986年，黑龙江省呼玛县文化局进行白银纳鄂伦春族萨满歌舞调查，关扣尼再次穿上神衣唱起神歌、跳起神舞。虽然事隔40年，但许多萨满仪式她都清晰记起。几十年来，关扣尼作为大兴安岭鄂伦春族唯一在世的女萨满，一直受到专家、学者的关注，为挖掘、抢救鄂伦春族萨满文化起到了重要的作用。

关扣尼曾协助中央电视台海外中心及一些民俗、社会科学等研究部门先后拍摄过《最后的山神》《山林夏猎》《鄂伦春族萨满教——十八站乡萨满活动纪实》等多部电视片。其中，《最后的山神》曾获得过亚广联电视大赛金奖，成为中央电视台较早获国际大奖的纪录片。她多次接待专家、学者的调查访问，将掌握的萨满神曲、神舞和对民俗风情的了解讲述给他们，作为鄂伦春族萨满文化的传人，她为萨满文化及鄂伦春族民俗文化的传承做出了积极的贡献。

关扣尼

2006年6月3日，中国文联、中国民间文艺家协会在北京人民大会堂首批命名了166位“中国民间文化杰出传承人”，关扣尼位列其中。

为了将鄂伦春的萨满文化传承下来，关扣尼老人在白银纳乡党委、政府和上级各有关部门的大力支持下，经过慎重的考虑和精心的选择，将女儿孟菊花确定为传承人。2008年9月1日晚8点，也就是白银纳乡鄂伦春民族下山定居55周年的日子里，在呼玛河畔完成了鄂伦春族神秘的萨满传承仪式。

桦树皮制作传承人：郭宝林

郭宝林，1945年出生于黑龙江省塔河县，2007年以桦树皮制作获得首批“中国民间文化杰出传承人”称号。

郭宝林

桦皮船是这里鄂伦春人独有的，在他们的生活中必不可少，冬天鄂伦春人在林子里骑马狩猎，而到了夏季，捕鱼、狩猎和运输都离不开桦皮船。船体呈梭形，船宽约1米，长约5米。桦皮船（“奥木鲁钦”）两头翘起的骨架是用松木或桦木做成的，船底和船帮就用大张没有孔洞的桦皮做，再用松木削成的木钉加固各部位。这种桦皮船可载重300～400斤，而船体自身却十分轻便，一个人就能扛走。

作为游猎民族的后代，郭宝林15岁就跟随父亲学做桦皮船了，几十年下来，他已经不知做了多少条桦皮船。然而现在使用桦皮船的人家越来越少了，桦皮船的装饰与收藏功能大大超过了实用功能。1990年，由他制作的6条桦皮船被北京亚运村迎亚运活动展出并收藏，这是郭宝林一生中最为荣耀的事。

2002年，郭宝林夫妇还在呼玛河边上投资兴建了一个“鄂伦春风情园”，风情园中的点点滴滴都还原成过去鄂伦春人在原始森林中生活的样子。对于鄂伦春人来说，生活中可以没有猎枪，可以放弃在山林中的生活，但却无法割舍过去。“鄂伦春风情园”凝聚着郭宝林儿时的记忆、民族的印记，是他永远不愿舍弃和忘记的。中央电视台《搜寻天下》以《放下猎枪的鄂伦春人》为题对郭宝林及其民族风情园进行了报道。

寻找成吉思汗足迹的鄂伦春人：孟松林

孟松林，1956年出生，成长在位于大兴安岭腹地的鄂伦春族自治旗。1980年毕业于哈尔滨医科大学，在呼伦贝尔市人民医院从医十年，成为中华医学会肛肠学会最年轻的理事。1991年被组织选派回到家乡鄂伦春族自治旗担任副旗长、旗长。2001年调任呼伦贝尔市委统战部长、政协副主席、市委常委。多年来，他在国内各级各类报纸杂志上发表了大量的表现森林草原风光和北方少数民族民俗风情的摄影作品以及研究北方少数民族历史、文化的论文考察报告，并多次获奖。现兼任呼伦贝尔市生态环境保护协会会长、内蒙古中华文化学院名誉副院长、客座教授、中国摄影家协会会员、呼伦贝尔市摄影家协会会长、内蒙古摄影家协会副主席。2009年，新世界出版社出版了孟松林的著作《成吉思汗与蒙古高原》，孟松林用他的笔和相机记录着从蒙古祖先圣地额尔古纳河、铁木真的出生地、大蒙古帝国兴起的斡难河，到成吉思汗征服蒙古各部的古战场，以及一代天骄魂归草原的六盘山，用生动的文字和优美的图片剥开层层历史迷雾。

孟松林

鄂伦春第一位女县长：关金芳

关金芳，女，鄂伦春族第一位女副县长，是鄂伦春民族文化的传承人。

关金芳，1956年出生在呼玛河畔白银纳鄂伦春民族乡一个猎民家庭，姥姥是鄂伦春族著名的女萨满关乌力彦，父亲也做过萨满，母亲是民歌手。关金芳1974年高中毕业回村务农；1975年至1977年在黑龙江省呼玛县白银纳鄂伦春民族乡中心校代课；1977年考入大兴安岭师范学校，毕业后在白银纳鄂伦春民族乡中心校任教；1985年至1987年在黑龙江省委党校学习；1996年至2002年担任呼玛县副县长；2002年至2003年担任呼玛县人大常委会副

关金芳

主任。现为黑龙江省大兴安岭行署红十字会常务副会长、黑龙江省鄂伦春族研究会副会长。

关金芳从小就受到了良好的民族文化的熏陶，进一步的升学深造使她更加懂得了保护本民族文化的重要性，于是她开始搜集整理本民族的民歌、舞蹈、民间故事，并且开始作词、作曲。在三四年内搜集整理了500首民间歌曲，包括下山之前和下山之后的歌曲，自己创作的民族歌曲有60多首，还编排了几十个古老的舞蹈，如篝火舞、龙头舞等，并且传授给青年人，为鄂伦春和民族文化发展做出了贡献。

鄂伦春族学者：韩有峰

韩有峰

韩有峰，1944年出生于祖辈以狩猎为生的一个普通的鄂伦春族家庭，出生地原是逊克县境内的乌云河的上游，后因此地土匪蜂起，为躲避战乱，全家搬迁到嘉荫县乌拉嘎地区居住。

1962年秋，韩有峰考入了黑龙江省唯一一所少数民族高级中学重点校——齐齐哈尔民族中学。1981年末，韩有峰因工作需要调到逊克县人大常委会，任办公室主任兼法制秘书工作。1987年末调至黑龙江省民族研究所，成为当时黑龙江省乃至全国第一个正高职鄂伦春族研究人员。研究方向：主要是结合中国及黑龙江省少数民族的实际，研究少数民族和民族地区的经济社会发展问题，同时研究鄂伦春族的文化保护和发展问题。经过多年的努力，研究成果颇丰，出版专著有：《鄂伦春族风俗志》《鄂伦春族语汉语对照读本》《鄂伦春语》《黑龙江鄂伦春族》《鄂伦春族下山定居五十年》《鄂伦春族40年》《鄂伦春族历史与文化研究》《黑龙江少数民族简史》《鄂伦春族——黑龙江黑河市新生村调查》《东北军鄂伦春族将领普列·忠和他的后代》等。编辑出版黑龙江省鄂伦春族研究会学术论文集《黑龙江鄂伦春族研究》四辑，共计100余万字。撰写学术论文80余篇，发表于省内外各种学术刊物上。经多年潜心研究，在民族理论政策研究方面已取得一定成果，在国内民族理论界有很高的知名度。尤其对鄂伦春族研究方面成果显著，填补了许多研究领域里的空白，在国内外学术界也有很大影响。

鄂伦春萨满研究第一人：关小云

关小云，女，鄂伦春语名为“乌拉丽罕”，意为“鲜红的、太阳升起的、红彤彤的”。1958年出生于大兴安岭一个鄂伦春家庭。1978年走上工作岗位，最初是从事教育工作。1987年7月，当选为十八站民族乡副乡长，从此，她在担任领导工作时，非常重视本民族教育事业的发展和人才的培养，同时，她深深地为鄂伦春族只有语言，没有文字，许多文化不能流传久远的问题忧虑着。于是她利用业余时间开始了艰难的民族文化的征集与研究工作，出版了《鄂伦春族风俗概览》《鄂伦春族萨满教调查》《大兴安岭鄂伦春》等著作，成为有影响的鄂伦春族学者，被大兴安岭地区文联授予“德艺双馨艺术家”称号。她的著作还在东京被译成日文出版，受到国内外学术界的好评，被誉为“鄂伦春族萨满教研究第一人”。

关小云

1997年，关小云担任塔河县民族宗教局局长，贯彻落实党的民族政策。在她的努力下，鄂伦春族学生助学金得到解决，积极为鄂乡争取“少数民族发展资金”，为鄂乡的经济和教育卫生事业作出了巨大贡献。

第六章
鄂伦春自治旗与民族乡镇

翻开鄂伦春自治旗的地图，阿里河、大杨树、乌鲁布铁、古里、十八里站等地名就会映入眼帘。这些以地形、地貌特点的命名，透视出鄂伦春民族的历史文化景观、移民史、经济史、交通史以及民族的历史分布。如果你想进一步了解鄂伦春族现今的生活，不妨走进他们聚居的那片山、那片水、那座城，走走看看、听听聊聊。

今天，鄂伦春人享有各种优惠的政策待遇。“猎民村”中一排排漂亮的木屋和砖瓦房，都是政府以低廉的价格分配给他们的。走进一户鄂伦春人家，或许你会发现鄂伦春人的生活方式已经彻底改变，但是鄂伦春人一脉相传下来的淳朴善良、光明磊落、助人为乐、热情豪爽的性格始终未变。

据清文献记载，鄂伦春族在17世纪中叶主要分布在贝加尔湖以东，黑龙江以北，直到库页岛的广大地区，以精奇里江为中心进行活动。17世纪40年代，鄂伦春人绝大多数从黑龙江以北陆续迁到黑龙江南岸、大小兴安岭的原始森林中游猎。

清代，鄂伦春族游猎区域属黑龙江将军布特哈总管（副都统）管辖，民国时期属布西设治局境内。

1951年4月7日，中央人民政府政务院批准，以莫力达瓦旗所属的甘奎、诺敏、多布库尔和喜桂图旗的托扎明4个苏木设置鄂伦春旗，驻小二沟（今诺敏镇），由内蒙古自治区呼纳盟领导。

1952年5月31日，经内务部批准，将鄂伦春旗改设为鄂伦春自治旗。1953年4月，隶属内蒙古自治区东部行政公署。

1954年5月，改隶呼伦贝尔盟。

1959年1月15日，国务院批准，自治旗驻地迁至阿里河镇。

1969年7月，随同呼伦贝尔盟划归黑龙江省管辖。

1970年4月，划归黑龙江省大兴安岭地区。

1979年7月，划归内蒙古自治区管辖，隶属呼伦贝尔盟。

2001年，隶属地级呼伦贝尔市。

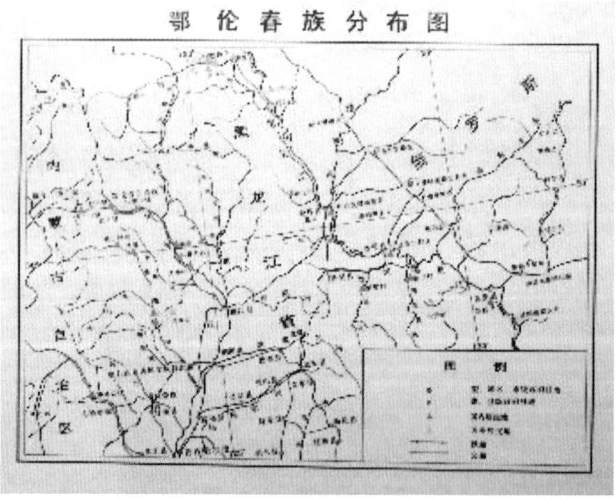

鄂伦春族分布图

2000年人口普查数据，全国鄂伦春族人口有8196人，其中男3872人，女4324人。在人口分布上，内蒙古自治区鄂伦春人口3573人，分布在自治旗首府阿里河镇以及四个猎民乡、七个猎民村，牙克石市楠木鄂伦春民族乡有鄂伦春人口84人。黑龙江省鄂伦春族人口3871人，主要聚居在黑河市、逊克县、塔河县、呼玛县、嘉荫县境内的6个镇、8个鄂伦春族聚居村。分散在全国各地的鄂伦春人口约668人。另外在外兴安岭大约还有2万人左右的鄂伦春族。

鄂伦春自治旗

鄂伦春自治旗位于呼伦贝尔市东北部，大兴安岭南麓，嫩江西岸，东经121°55′～126°10′，北纬48°50′～51°25′之间，北与黑龙江省呼玛县以伊勒呼里山为界，东与黑龙江省嫩江县隔江相望，南与莫力达瓦达斡尔族自治旗、阿荣旗相连，西与根河市、牙克石市为邻。全旗总面积59 800平方公里，是呼伦贝尔市面积最大的旗（市）。

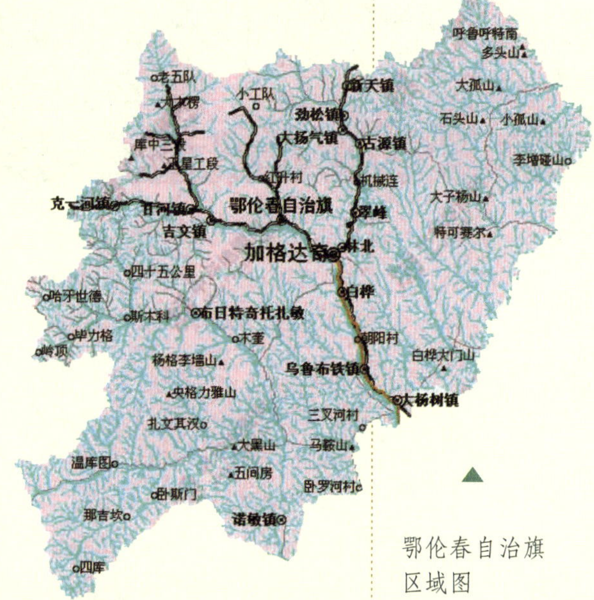

鄂伦春自治旗区域图

自治旗境内居住着鄂伦春、蒙古、达斡尔、鄂温克、汉、回、满、朝鲜等21个民族，总人口30万人，其中鄂伦春族占总人口的0.7%。鄂伦春自治旗下辖6镇1乡：阿里河镇、大杨树镇、托扎敏镇、甘河镇、乌鲁布铁镇、诺敏镇、古里乡，82个行政村，其中4个猎区乡镇，7个猎民村。境内还驻有内蒙古大兴安岭林管局所属的6个林业局、大兴安岭农场局及所属6个国有农场、黑龙江省大兴安岭农工商联合公司、大兴安岭面粉厂。在自治旗境内还设有黑龙江省大兴安岭地委、行署、林管局和加格达奇、松岭两区，加松两地（面积为18 910平方公里）占自治旗面积的1/3。

阿里河镇

阿里河为鄂伦春语，磷火之意，因夏季无风夜常有沼气自燃现象而得名。阿里河位于大兴安岭东南麓，是鄂伦春自治旗各族人民政治、经济、文化、交通的中心。阿里河东连北国林城加格

库图尔
其广场

达奇，西邻鄂伦春自治旗吉文镇和甘河镇，全镇总面积为4541.4平方公里，镇区面积为16万平方米，耕地面积5580亩，草场面积为150平方公里，林地面积为4000平方公里。阿里河镇辖15个社区，4个行政村，镇内外驻企业有阿里河森工公司。全镇居住着鄂伦春、鄂温克、达斡尔、蒙、汉、回、满等13个民族，总人口51 402人，其中农业人口2415人。

阿里河镇有珍贵的动植物资源。在4000平方公里的森林和150平方公里的草场里栖息着30多种珍贵的野生动物，生长着100多种中草药和300多种树种。兴安木耳、北国红豆、猴头、蘑菇、都柿、草莓等山珍享誉国内外。

知识链接 **拓跋焘森林公园** 是以北魏皇帝“拓跋焘”之名命名的森林公园，因为包括嘎仙洞在内，所以又称嘎仙洞森林公园。拓跋焘，字佛狸，鲜卑族。北魏世祖，太武皇帝。他亲自率领北魏铁骑灭亡了夏国、北燕、北凉等诸多政权，统一了北方；向北，马踏漠北，横扫了占据蒙古大漠的柔然汗国；向南，屡次挫败南朝，并占据了刘宋的河南之地。南北朝时期杰出的骑兵统帅。嘎仙洞位于鄂伦春自治旗阿里河镇北约10公里、大兴安岭北段顶峰东端，甘河北岸噶珊山半山腰花岗岩峭壁上。其地峰峦层叠，树木参天，松桦蔽日。洞在峭壁之上，高出平地约5米，洞口西南向，南北长90多米，东西宽27米许，高20余米，相传为仙人洞府。洞内西壁距洞口15米处，有北魏太平真君四年（443）摩崖铭刻。

阿里河镇还拥有丰富的旅游资源。拓跋鲜卑石室旧墟嘎仙洞、鄂伦春民族博物馆、相思谷原始森林、拓跋焘森林公园、布苏里军事度假山庄等景区，让人们感受到人类文明遗迹，体会到阿里河独特的民俗风情和优美的自然环境。

知识链接 **鄂伦春博物馆** 鄂伦春民族博物馆位于阿里河镇中心地带，始建于1991年，建筑面积为3200平方米。分设五个展厅。其中兴安猎神展厅生动地反映了鄂伦春民族历史发展、生产经济、生活方式、风俗礼仪、宗教信仰等；兴安之韵展厅浓缩了鄂伦春自治旗的自然景观，展示了大兴安岭的自然美、原始美；马背天骄展厅讲述了我国古代北方民族拓跋鲜卑的历史文化，以翔实的文物和图表文字说明，反映了拓跋鲜卑发祥大鲜卑山到驰骋草原最后入主中原的历史过程；成就展厅以大量的图片和文字说明将鄂伦春民族建立自治旗五十年来取得的巨大成就进行了一一展示；综合艺术厅展示了鄂伦春族作者具有较高水平的文化艺术作品。

知识链接 **相思谷的传说** 在阿里河境内的相思谷原始森林风景区有段美丽的传说。在公元二世纪中叶，当时居住在大泽（达赉湖）一代的鲜卑族部落大酋长洁汾率领部落第二次南迁前，回石室祖庙（嘎仙洞）祭祖中途经此山谷，在山坡一石旁巧遇天女相思，两人一见钟情，便以石为媒，当场完婚。事后天女相思嘱咐洁汾明年此日石旁相会，一年后洁汾到此看石上放一男婴，男婴下压一布条，告知：此婴好好善养，世为帝王。这一男婴便是威震北方、统长江以北的北魏开国帝王五世祖力微。洁汾为了感谢天女相思，便把此山谷赐名为相思谷，并告知后人永远看护。

大杨树镇

“大杨树”一词为汉语。据史料记载和多方考证，一百多年前，大杨树镇这个地方是一片空闲的开阔地。没有高大的树林，大部分是灌木丛生的小树和草甸子。但在甘河北岸的冲积平原上，却生长着两棵伟岸高大、出类拔萃的白杨树，其直径约1米多。当时有一些“安达”（经商做买卖的人）都以这两棵大杨树

▲

大杨树镇

作为经商地点标记进行商品物资的交易；一些利用河流放木排和购买木材的汉族人偶尔路经此地，也以此作为停排休息的地方。久而久之，得名——“大杨树”，并延续至今。

大杨树镇位于呼伦贝尔市境内的鄂伦春自治旗东南部，距旗政府所在地阿里河镇130多公里，地处东经124°14′~128°51′，北纬49°21′~50°13′之间，东至本旗古里乡，西邻宜里镇，北接乌鲁布铁镇，南与莫力达瓦达斡尔族自治旗毗邻。齐加线铁路190公里从大杨树腹地穿过，是我国东北地区南北运输大动脉上的一个重要的商品集散地。大杨树镇总面积4043.96平方公里。镇区依山傍水，雄踞于甘河北岸的冲积平原上，西起镇辖第三小学，东南至黑龙江省大兴安岭地区农工商联合公司，长4.5公里，平均宽2.5公里，中轴偏东可延长为4公里，镇区面积26平方公里。

托扎敏镇

清同治十年（1871），清政府将鄂伦春人按居住的河流分为五路八佐进行统治。在托河流域设托河路，下设一佐。鄂伦春语称“路”为“扎敏”，“托扎敏”即“托河路”之意。

托扎敏镇位于大兴安岭南坡，鄂伦春自治旗中部，距旗政府

托扎敏镇的雪景

所在地阿里河镇100公里，地处东经122°56′~123°42′，北纬49°40′~50°19′之间，东至乌鲁布铁镇、宜里镇、南至诺敏镇、西至克一河镇，北至吉文镇。

托扎敏镇总面积2400.11平方公里，其中草场面积 86 400亩，可利用面积48 000亩，耕地面积51 000亩。

全镇现辖4个行政村和1个居委会。4个行政村分别为：木奎猎民村、希日特奇猎民村、勃力河村、陶力罕村。乡内驻在企业有吉文森工公司的红花尔基林场。

甘河镇

甘河为鄂伦春语，大河之意。镇以河得名。

甘河镇

甘河镇位于大兴安岭南麓，伊勒呼里山脚下，东南与吉文镇相连，西北与克一河镇相邻，甘河从镇区北部流过，冬季寒冷，夏季温热，无霜期在

110天左右。镇区面积11.9平方公里，全镇总面积3563平方公里。

甘河镇地势南北低，东南高，海拔500~1350米，气候属于寒温带，一年四季温差大，无霜期120天。主要树种有落叶松、白桦、黑桦等。山林生长着红豆、黑加仑、山丁子、稠李子、草莓等野果和黑木耳、松蘑、桦树蘑、榛蘑、猴头等植物以及映山红、野玫瑰、金莲花等药材。还有可作为化工原料的杜香草。

全镇辖有12个社区居委会，有鄂伦春、汉、蒙古、回、满、鄂温克、达斡尔、朝鲜、苗、锡伯、俄罗斯等11个民族，全镇由地、林、铁、电四大系统组成，有县级企业1家，镇属单位40个，人口31 060人。

乌鲁布铁镇

乌鲁布铁为鄂伦春语，孤山之意。

乌鲁布铁镇（原甘奎乡），1995年撤乡建镇，是鄂伦春旗4个猎民乡镇之一。乌鲁布铁是鄂伦春人定居地区。北距旗政府驻地阿里河镇90公里，南距旗经济重镇大杨树镇22公里。镇政府所在地乌鲁布铁属寒温带大陆性季风气候，半湿润林牧业气候区，四季变化显著。境内林草繁茂，河流纵横，甘河、奎勒河流经镇区，甘奎因两河之名相合而成。辖区总面积3805.76平方公里，耕地635 301.09亩，可利用水资源面积达8万亩，可利用草原面

乌鲁布铁的秋色

积80万亩。

乌鲁布铁镇是鄂伦春自治旗4个猎区乡镇之一的大镇，全镇总人口19 617人，有蒙古、汉、回、达斡尔、鄂温克、鄂伦春、满、朝鲜、锡伯等9个民族，其中鄂伦春猎民322人。共有21个行政村（其中猎民村3个，分别是朝阳、乌鲁布铁、讷尔克气猎民村，占全旗猎民村总数的42%。）、1个居委会。辖区内驻有大兴安岭农场管理局所属的扎赉河农场及东方红农场的三个连队，大杨树林业局所属的乌鲁布铁、胡得气、奎勒河、奎中、奎元、奎下6个林场和查拉巴气、朝阳管护站；齐齐哈尔铁路分局所属的讷尔克气、朝阳、乌鲁布铁、春亭阁4个车站和乌尔其、毛家铺、春林3个工区。

诺敏镇

诺敏镇俗称小二沟，是鄂伦春自治旗最南端以农业为主的猎区镇。1951年10月至1958年底间，一直是鄂伦春自治旗政府驻地。从1947年至1986年，经历了诺敏努图克、诺敏公社、诺敏乡等不同发展阶段，最后改建为诺敏镇。

知识链接 **大兴安岭的眼睛——四方山天池** 在位于诺敏镇西北30公里处有一座海拔1000米的四方山，登上四方山，可见一个由泉水和雨水汇积的天然湖泊——“天池”。“天池”是一个长5米、宽30米的椭圆形湖，四周都是蜂窝状的礁石，为火山岩浆冷却后形成的高耸石壁，像一堵石筑成的墙。池水碧绿幽深，看不到底，水平如镜，水面上映着蓝天白云，显得格外安谧宁静。环池四周树木葱茏，繁花似锦。听松涛滚滚，桦叶沙沙，蛙鸣鸟唱，时而飘来松脂和野花的芳香，身临其境，如同置身于传说中的瑶池仙境一般。鄂伦春族老人讲，这里的天池曾是仙女洗浴之处，仙女用这里的水救过被魔鬼害死的鄂伦春人，仙女却乘白云而去……

▲

绿树蓝天

诺敏镇位于大兴安岭南麓，东邻自治旗的宜里镇和莫旗；北与托扎敏乡、乌尔其汉相连；西与阿荣旗、牙克石市相邻；南与莫旗为界。辖区面积7825平方公里，占全旗面积的10.9%。全镇有16个行政村，2个居委会，27个事业单位，1个办事处。外驻单位有毕拉河林业局，武警驻毕拉河森林大队。

诺敏镇目前聚居着鄂伦春、汉、达斡尔、鄂温克、蒙古、满、朝鲜、回等12个民族，共21 740人，农业人口1.1万人，其中鄂伦春族184人，鄂伦春族猎民40户98人。镇区内林地面积3167平方公里，草场面积2650平方公里，耕地面积134平方公里。已建成了“野猪繁育基地、亚麻种植基地、特禽养殖基地、高油大豆基地、中草药种植加工基地、獭兔基地”六大基地；建

知识链接 **“天然花园”——达尔滨湖** 达尔滨湖位于鄂伦春自治旗南部诺敏镇境内。达尔滨，鄂伦春语意思是“广阔的湖面”，达尔滨湖是当年火山喷发后熔岩在海谷中壅塞而形成的堰塞湖。每年的5月，兴安杜鹃漫山遍野，绿树、红花、石海、白雪构成了鄂伦春奇特的自然景观，被誉为林海中的“天然花园”，令游人流连忘返。

有亚麻初加工厂1座；拥有固定资产50~500万元的企业4家，个体工商户累计发展336户。

古里乡

民房院落

古里为鄂伦春古代部落名称。古里乡是鄂伦春旗4个鄂伦春猎民乡镇之一，位于鄂伦春旗东南部，东经124°54′，北纬50°16′，东与黑龙江省嫩江市隔江相望，南接达瓦达斡尔族自治旗，西与本旗大杨树镇相邻，北以大兴安岭伊勒呼里山与黑龙江省呼玛县为界。

古里乡总辖区面积为20 220.43平方公里,含黑龙江省大兴安岭地区加、松两地面积17 976.82平方公里。乡政府驻地古里村，下辖2个村民委员会（猎民村、兴牧村），7个村民小组，286个家庭农场。

乡内驻单位有内蒙古大兴安岭农场管理局所属的古里农场、欧肯河农场，黑龙江省大兴安岭农工商联合公司3个县团级国有农场和大杨树森工公司所属的古里、勃音那、大杨树、四平山4个林场和欧肯河管护站。

新生鄂伦春民族乡

新生鄂伦春民族乡是全国鄂伦春十个定居点之一。隶属黑河市管辖。位于市境西北部，北与呼玛县毗邻。乡政府驻地距市区

新生秋色

65公里。

新生乡名源于驻地新生村名。1953年党和人民政府为妥善安置长期过着游猎生活的鄂伦春族群众，建立新村定居，故命名“新生村”。1956年建立新生鄂伦春族乡。1958年9月，成立新生人民公社。1984年4月，改为新生鄂伦春族乡。

新生乡辖境地处小兴安岭岭脊及两侧的岭上浅切割低山区域，有智高山、龙音山、黄窖山等多座山峰，刺尔滨河发源于境内并纵贯全境。山峰起伏，森林密布。全乡总面积1749平方公里，耕地面积3.7万亩。鄂伦春族群众定居以后，仍以猎业为主，1964年以后实行“农猎并举”。1970年以后，以农为主，“以养代猎”。1980年以后，实行生产责任制，马匹分给猎民，猎物归己。有猎户32户，猎民131人。全乡共辖新生、新安、新青、新茂、新兴等5个村。1992年末全乡总人口953人，鄂伦春族人口约占18%，满族等其他少数民族人口约占13%。乡政府驻地新生村。

逊克县鄂伦春民族乡

黑龙江省逊克县鄂伦春民族乡于1956年建立，该乡包括新鄂、新兴两个自然村，后发展为新鄂，新兴两个鄂伦春民族乡。

▲

漂流

新鄂鄂伦春民族乡原为鄂伦春人游猎的地区。中华人民共和国建立后，中国共产党和人民政府为了关怀和改善少数民族群众的生产生活，动员鄂伦春族下山定居。1953年春，由国家扶助，择地建房，同年9月建立鄂伦春族新村，命名“新鄂”，使长期过着游牧生活的鄂伦春族群众开始定居。1956年4月，设置新鄂鄂伦春族乡。1959年7月，改为新鄂人民公社，是一个社、村、队合一的少数民族公社。1984年4月，改为新鄂鄂伦春族乡。新鄂乡全境均属山区，行政区域总面积6660平方公里。境内森林资源丰富，由沾河林业局11个林场经营林区。野生动物有鹿、熊、狍子、犴、獐、野狐、灰鼠、黄鼬等，盛产猴头蘑、木耳、松子、黄芪、五味子等土特产和中药材，有利于鄂伦春人狩猎以及开展副业生产。耕地面积3.5万亩，以农业为主，主要种植小麦，兼种大豆。全乡共辖新鄂、新春、新庆、新胜、新华、浦洛口子等6个村，鄂伦春族主要聚居于新鄂村。1992年末全乡总人口1601人，鄂伦春族人口约占全乡人口的23%，蒙古、满、朝鲜等其他少数民族人口约占5%。乡政府驻地新鄂村。

新兴鄂伦春民族乡位于小兴安岭北麓、逊克县东南部，全境为山区和半山区，境内有都尔滨河自东而西流贯乡中部，库尔滨河部分也途经乡境。总面积389平方公里，占全县总面积的2.24%。全乡共有耕地1680公顷。全乡辖新兴、新城、新建、新河4个行政村，杂居着鄂伦春、满、达斡尔、蒙古、锡伯、朝鲜、汉等7个民族共420户，总人口共1422人。其中，新兴村是鄂伦春聚集地，有鄂伦春族83户，共182人，占全乡总人口的13.1%，鄂伦春族有男86人，女96人。乡域内有丰富野生资源；如鹿、熊、犴、狍子、野猪、灰鼠；以及猴头磨、木耳、蕨菜、黄芪、五味子等土特山产品。

白银纳鄂伦春民族乡

白银纳鄂伦春民族乡隶属呼玛县管辖。位于县境北部，西与塔河县毗邻。乡政府驻地距县城117公里。

乡名来源于驻地白银纳村名。“白银纳”，鄂伦春语，意为“富裕”。白银纳村是1953年国家为安置世代在深山老林里游猎的鄂伦春族建立起来的鄂伦春族聚居区。原属十八站公社，1969年划归鸥浦公社管辖。1984年初，将鸥浦公社改为鸥浦乡。同年8

呼玛河畔有个叫“白银纳”的地方

知识链接 白银纳鄂伦春民族乡民族展览馆 它的前身是白银纳鄂伦春民族乡文化站，始建于1986年。1995年由省民委和县政府投资翻新扩建。2006年，为迎庆呼玛县解放60周年，弘扬鄂伦春民族文化，白银纳鄂伦春民族乡政府再次筹资进行扩建。展馆总面积600平方米，为两层楼房建筑，二楼为展馆办公室。在一楼328平方米的展厅内陈列实物218件、图片127幅。展厅分为勤劳勇敢、英才辈出，渔猎生产、搏击自然，风俗礼仪、古朴淳厚，民族文体、特色浓郁，历史跨越、沧桑巨变，鄂乡新颜、持续发展六个部分，反映了鄂伦春民族经济生产、生活方式、民俗礼仪、文化娱乐、宗教信仰、社会主义建设历程等方面的情况。

知识链接 白银纳鄂伦春民族乡马种群繁育基地 鄂伦春民族素有大兴安岭"马背"民族之称，马是他们相依为命的伙伴。千百年来积累的养马、驯马经验，让"鄂伦春马"成为最好的猎马。新中国成立后，鄂伦春族下山定居，多数鄂伦春马转为农用，品种、谱系也遭到一定破坏。2007年，国家投入220万元，开始在大兴安岭东部的白银纳鄂伦民族乡实施"鄂伦春马"培育计划，项目包括舍饲场和放马场两部分，马场总面积30余公顷，目前已经培育优质鄂伦春马200匹。马场的兴建除了对鄂伦春马种的保护外，还将在远处山林中重现鄂伦春原始居住和狩猎场景，供游人体验原始鄂伦春人的游猎生活。马场计划发展达到千匹规模，成为全国乃至世界唯一的鄂伦春马种群繁育基地。

月，将鸥浦乡西南部的白银纳、红光、玻璃沟等7个村划出，设置白银纳鄂伦春民族乡。鄂伦春族人口约占全乡总人口的21%。

白银纳鄂伦春民族乡辖境地处呼玛河流域，河网密布。全乡总面积527平方公里，村屯主要分布在呼玛河两岸。以林业为主，兼事狩猎。有耕地1.9万亩，主要种植小麦。全乡共辖红光、白银纳、新河、新村、新山、新胜、玻璃沟、更新等8个村。1992年末全乡总人口1715人。乡政府驻地白银纳村。

十八站鄂伦春民族乡

1953年，十八站鄂伦春族实现定居，1956年1月成立十八站鄂伦春民族乡政府，原隶属呼玛县，1981年11月划归塔河县管辖。

十八站鄂伦春民族乡位于东经125°25′，北纬52°，东临呼玛县白银纳乡，西临塔河镇，南靠韩家园林业局，北接依西肯乡。黑漠公路横贯全乡，铁路，公路交通相对便利，通讯也较完备。乡境内西南高、东北低，平均海拔高度300~400米，最高山峰阿木鲁山，海拔744米。呼玛河由西向东流经境内54公里。气候冬季寒冷干燥，夏季温湿多雨，年无霜期80~100天，平均降水量480毫米。

乡下设十八站汉族，创业、兴建、永丰、奋斗、十八站鄂族、鄂族庆丰、鄂族创业8个行政村。共有居民1981户、4697人，其中鄂族197户，528人，占全乡人口的11%。全乡总面积是2534平方公里，其中耕地面积1.7万亩，草原3万亩，可利用水面900亩。乡辖区内驻有81689部队，大兴安岭森警部队，71雷达分队及十八站林业局和供电局。

2002年，开办了“鄂伦春风情园”，以其独特的人文景观，民俗旅游项目吸引中外游客。

知识链接 **十八站旧石器遗址** 位于大兴安岭东坡、呼玛河左岸18米高的二级阶地上的塔河县十八站遗址，属于旧石器时代晚期遗址。1975-1976年，中国科学院古脊椎动物与古人类研究所首次发掘了这处遗址。共发现4个地点，由最西部的75072号地点至最东部的红旗大桥地点分布范围约10公里。出土：刮削器、尖状器、石叶、石片和石核等1070件，地质年代属于更新世晚期，距今约一万二千年前。出土石器，器形、风格、大小与北京周口店、河北阳原虎头梁遗址出土的石器颇相近。

楠木鄂伦春民族乡

楠木鄂伦春民族乡位于我国内蒙古自治区呼伦贝尔市辖的扎兰屯市区最北端，和呼伦贝尔市辖的牙克石市相连接的山林地带。由于该乡政府以及居民聚居区域内有滨洲铁路线的一个名叫“楠木”的小火车站，因而人们就把该鄂伦春民族乡称作“楠木鄂伦春民族乡”。楠木鄂伦春民族乡设立于1956年。该民族乡行政区面积为1650 平方公里，其中90%属于山林地带。所以森林面积分布较广，资源十分丰富。楠木鄂伦春民族乡的鄂伦春人，从20世纪60年代开始就从事农业生产，同时兼搞畜牧业和林业生产。

知识链接 **大兴安岭“十大名片”** 神州北极、黑龙江源头、十八站旧石器遗址、北魏先祖鲜卑族发祥地、南瓮河岛状林湿地、鄂伦春原生态文化、铁道兵纪念碑、女子军乐队、北极熊冬泳队、北奇神。

知识链接 **五花山奇观** 大兴安岭的秋天，是金色的秋天，收获的秋天，更是醉人的秋天。说它醉人，不但是那秋兰飘香的气息，也不只是那秋实累累的时令，而是让人看了如痴如醉的绚丽多彩的五花山风光。

五花山是大兴安岭独特的自然风光，也是大兴安岭 “金色旅游”独有的资源优势。一进9月，随着气温的变化，山上的树叶便开始逐渐变黄，整个大兴安岭也开始由北向南呈现出秋光绚丽、层林尽染的景象，令人目不暇接。这时的大兴安岭红似丹霞，绿如翡翠，黄像傲菊，橙似火焰，让人看了眼花缭乱。假如你在山里行走观光，你会随时看到一片片红红的“晚霞”从远处飘来，一团团跳动的“火焰”在你眼前闪过；一条条色彩斑斓的“地毯”展现在你的面前，一个个五彩缤纷的“花团”向后移去……令人陶醉于其中。

五花山的成因，主要与大兴安岭的混合型森林组成有关。由于地域的关系，大兴安岭的森林组成主要有针叶树种和阔叶树种组成。针叶树种主要有樟子松、落叶松林与云杉；阔叶树种主要是白桦、杨树黑桦和蒙古栎为主。这些树种在秋季落叶时各有特点。就形成了颇具特色的五花山奇观。

知识链接 **昔日的猎场——九曲十八弯** 距漠河县城约20公里的九曲十八弯在20年前还是鄂伦春人捕鱼狩猎的地方，如今这片天然形成的原始生态湿地成为摄影人的天堂、游人的乐园。九曲十八弯自然风景区，占地面积2000余公顷，景区内额木尔河蜿蜒而过，自然形成的九曲十八弯。6~9月份景致最为壮观。

国家投资在楠木鄂伦春民族乡先后兴建了学校、医院、商店、广播站、气象局、邮电局等。现在楠木鄂伦春民族乡已发展成为一个现代新型乡村。全乡有87名鄂伦春族人，人均有20亩可耕农田。他们种植黄豆、小黑豆、小麦、玉米、土豆等。还饲养鹿、狍子、野猪、肉牛、奶牛等畜牧业生产。同时，他们还种植木耳、山蘑。他们积极参与以地方特色和本民族特点的旅游产业，以及绿色加工等生产活动，增加了收入，加快了发展进步的步伐，提高了生活水平和质量。

九曲十八弯 ▶

图片提供者

（按姓氏笔画为序）

王为华
第 10 页
第 12 页（下）
第 15 页
第 41 页
第 42 页
第 49 页
第 56 页
第 58 页
第 59 页（下）
第 77 页（下）
第 78 页（两幅）
第 86 页（两幅）
第 87 页（两幅）
第 88 页（上）
第 89 页（上）
第 90 页（上）
第 105 页
第 110 页（下）
第 111 页
第 116 页
第 117 页
第 118 页
第 120 页
第 126 页
第 136 页
第 137 页
第 151 页
第 155 页
第 161 页
第 166 页
第 171 页
王志富
封面
第 54 页
第 70 页
第 71 页（两幅）
第 79 页
王东晟
第 110 页（上）
内蒙古新闻网
第 95 页（上）
第 95 页（下）
第 96 页
第 97 页
叶语
第 30 页(下)
第 115 页（上）
第 132 页
第 152 页
古雅的雪
大众摄影网
第 63 页
第 66 页
第 68 页
第 89 页（下）
第 91 页
第 108 页
白浩
第 48 页（上）
白银那鄂伦春
民族展览馆
第 104 页
第 107 页
东北风摄影网
第 8 页
辽宁人民出版社
《活着的萨满——
中国萨满教》
第 72 页（上）
第 83 页
第 90 页（下）
第 109 页
第 121 页
百度
第 11 页
第 16 页
第 18 页（两幅）
第 22 页
第 23 页
第 24 页
第 26 页
第 27 页（上）
第 29 页
第 31 页（下）
第 35 页
第 37 页
第 38 页
第 40 页（两幅）
第 43 页（两幅）
第 44 页
第 48 页（下）
第 51 页
第 57 页
第 61 页
第 62 页
第 67 页（两幅）
第 69 页
第 72 页（下）
第 73 页
第 76 页
第 77 页（上）
第 80 页
第 81 页（三幅）
第 82 页
第 84 页
第 94 页
第 100 页
第 101 页
第 114 页（下）
第 115 页（下）
第 119 页
第 124 页
第 125 页
第 128 页
第 129 页（两幅）
第 130 页
第 131 页
第 133 页（三幅）
第 134 页
第 138 页
第 139 页（两幅）
第 144 页（下）
第 146 页
第 148 页
第 150 页
第 153 页（两幅）
第 154 页
第 156 页
第 158 页
第 159 页
第 160 页
第 162 页
第 163 页
第 164 页
第 165 页
第 167 页
第 168 页
第 169 页
第 170 页
第 174 页（两幅）
庄学本
第 27 页
四川文艺出版社
《北方萨满文化》
第 88 页（下）
第 106 页
第 114 页
关小云
第 31 页（上）
第 85 页
第 92 页（两幅）
第 93 页
刘文华
第 12 页（上）
刘亮
第 19 页
第 74 页
第 173 页
老树
第 75 页
苏老师
第 28 页（上）
第 28 页（下）
第 98 页
吴雅之
第 113 页
远方
第 135 页
迟伟臣
第 72 页（中）
阿毛
第 32 页
第 34 页
姜荣慧
第 14 页
第 65 页
郭宝林
第 30 页(上)
第 53 页
党群
第 46 页
第 140 页
顾德清
第 59 页（上）
黑龙江百科全书
第 21 页
黑龙江人民出版社
《远去的文明·
中国萨满文化艺术》
第 99 页
逸海方舟的博客
第 102 页
第 112 页
《最后的山神》剧照
第 147 页

后记

当我收到《走近中国少数民族丛书·鄂伦春族》的PDF格式电子书稿时，我仿佛看到了盛装待嫁的新娘，这“嫁衣”美得让我炫目。想想自己一年多来在键盘和屏幕上精打细敲的文字变得如此艺术、如此光彩，除了开心就剩感激了！感谢责任编辑朱虹老师的辛勤劳作，感谢美术编辑杜江老师独具个性的装帧设计，是你们让这本小书成为别具文化意蕴风采的视觉艺术。

之所以如此感慨是因为这本书是我出的第一部彩色印刷书，以前出的几本都是黑白两色的，即便使用图片也不过是作为文字的补充和说明。虽然“读图时代”是现代社会快节奏生活使然，但这种阅读习惯的改变是符合视觉审美规律的。所以就本书图片的使用我要做相关说明，其中一部分照片是这几年田野调查过程中自己拍摄的（包括翻拍了郭宝林、关扣尼的老相册），另一部分是关小云老师提供的，还有一部分是通过网络获得的，比如顾德清、宋兆麟、孟松林、叶语、刘亮、古雅的雪、阿毛等人的作品，在此衷心地感谢你们，有些人我久闻大名却未曾谋面，我希望有机会与你们相识，让我当面表达我的感激。

我知道《走近中国少数民族丛书》的作者大部分是本民族精英学者，而我却是汉族，但是我与少数民族文化（特别是黑龙江三小民族）结缘很早，早在20世纪80年代末，黑龙江省社会科学院文学所承担国家社科基金项目《鄂伦春族文学》《鄂温克族文学》《赫哲族文学》的写作，我便开始了基于文本的极具特色的小民族文化研究，后来多次的田野调查不断强化着我与他们的情感，来自小民族强烈的述说与自我阐释的渴望深深地触动我，使我的忧患意识倍增，在现代化进程中，鄂伦春族面临着两难选择：一方面渴求经济上的高速发展，摆脱现有的经济不发达的困境；一方面又希望保留自身的传统文化，担心其传统文化在与现代文明的冲突中消失。如何帮助小民族实现文化转型、实现小民族在现代化环境中的文化传承，是我们亟待解决的重大课题，我希望能为此做哪怕是一点点的事。

2009年之夏在一次学术会上结识了吕萍老师，并互相交换了各自的学术著作，成了无话不谈的好朋友。同年秋天吕萍老师介绍我认识辽宁民族出版社的吴昕阳副总编。2010年初受吴副总编之邀，我毫不犹豫加入到《走近中国少数民族丛书》的作者行列。

一年多愉快的交流合作有了今天的结果，我们把它奉献给广大读者，衷心希望大家喜欢。

王为华

2011年5月于哈尔滨